JN064134

日本の教育、
生きる力を育む「早期起業家教育」と歩んで
海を渡る。

平井 由紀子
起業家教育研究家・学術博士
株式会社セルフウイング 代表取締役

カナリアコミュニケーションズ

はじめに

アメリカ人の少年が、ノートパソコンを片手に「15歳のCEO」として日本を訪問した時のインパクトを、今でも鮮明に覚えている。9歳で事業を起こし、15歳で4つ目の会社を日本で立ち上げたキャメロン・ジョンソン氏が、2000年に日本で開催されたシンポジウムのゲストとして来日したのだ。アメリカでは、若い世代の起業は特別なことではない。

私は、いつか日本の子どもたちにも、若い年代から起業できるような選択肢が当たり前になってほしいと思った。「15歳でCEOになること」が重要なのではない、日本の子どもたちが、早くからさまざまなことにチャレンジし、失敗し、そしてまたチャレンジする。それが当たり前にできる国になってほしい、そんな気持ちだった。

その気持ちを伝えるべく、『子どもを伸ばす5つの遊び～小学生からの「起業家教育」のすすめ』（大江健・平井由紀子著／青春出版社）を恩師と共著で上梓してから約20年がたつ。

「子どもの頃から才能を育てる」ことは、ビジネスの世界だけではない。「早期起業家教育」は、どんな仕事につくにも広く役に立つ「生きる力」を育てる教育だと考えている。そして、それは特別な教育ではないし、誰もが大人になるまでに一度は経験してほしい教育だ。

例えば、プロの野球選手になりたいと考えたら、高校生、大学生になってから野球を始めるのと、リトルリーグから始めるのとでは、どちらがプロ野球選手になれる確率が高いだろう。プロのピアニストになりたいと目標を立てたなら、いったいいくつからレッスンを始めるといいのだろう。

スポーツ、勉強、芸術など、どのようなことでもいいから自分を表現できる、そして心から打ち込める何かをすべての子どもに見つけてほしい。そんな願いを込めて２０００年に「ＳｅｌｆＷｉｎｇ」（セルフウイング：自分の翼）という名の会社をつくった。

「早期起業家教育」は、お金や経済、会社の仕組みについても学ぶ、しかしそれがすべてではない。昨今はこの教育が目指す成果である「生きる力」を、「非認知能力・ソフトスキル」と呼び、その重要性が徐々に理解される時代になってきた。

「早期起業家教育」が日本で市民権を得られなかった時代に、東アジア、東南アジア、中東地域では歓迎され、いつか「早期起業家教育」を本格的に「海外に輸出したい」と思うようになった。

これから新しい産業を育てようとする国々。50年後の国の在り方を模索し教育を考える国々。日本という国の、創業して間もない会社の教育プログラムを信じてくれる国々。それらの出会いは、現在でも私の根底を支えてくれている。

日本が世界に誇れるもの、貢献できるもの、世界と繋がれる手段として「教育」があるのではないかと考えたが、「教育の輸出」の第一歩を踏み出せたのは、多くの失敗を繰り返したのち、創業から10年以上もたってからだった。

紆余曲折を経た後、2016年にベトナム・ダナン市において「SELFWING VIETNAM（セルフウイングベトナム）」は産声《うぶごえ》を上げた。

最初は「小さく頼りない翼・SELFWING」で始まった「教育輸出」が、多くの支援者、協力者が送ってくれる「大きな風」に乗って、少しずつ大空に向かいつつある。そして何よりベトナム人のパートナーのユン、スタッフ、保育士たちの、日本という国を愛し、日本語を学び、日本の教育をベトナムで広めたい、という気持ちがありがたかった。

「教育」は、誰にでも無限のチャンスを与える可能性の塊だ。そして「早期起業家教育」は、誰にでも「生きる力」(非認知能力)を与える可能性があると信じている。もしかすると、教育格差からくる大きな課題を解決することに少しは役に立つかもしれない。

私にとって、「早期起業家教育を輸出したい」という気持ちから、「より多くの日本の教育を輸出したい」に気持ちが変わるのに時間はかからなかった。「早期起業家教育」だけにこだわるのではなく、その国に望まれる教育を輸出することに価値があると思ったからだ。昨今のような不確実な時代だからこそ、どこの国でも、どんな状況でも求められる「自分の知恵」で生き抜いてくことに、

「日本の教育」で貢献できたらどんなに素晴らしいことだろうかと、常に願い、日々前進している。

本書が生まれたきっかけは、私自身が「早期起業家教育」に関わってきた経緯に加え、日本やベトナムを中心とした子どもたちの成長や変化や、改めて感じた日本の教育の素晴らしさなど、余すところなく伝えられたらとの思いを、株式会社ブレインワークスの近藤昇社長が受け止めてくださったことから始まる。

「日本の教育を世界に」と決めたところで一人の力は小さく、多くの支えや応援が必要となる。本書を通じて、多くの企業様と共に、日本の教育が世界に羽ばたこうとしている様子をお伝えできれば幸いである。

平井由紀子

2020年10月

もくじ

第7章 ALL JAPANで「最高の教育」を世界へ

第1章

「早期起業家教育」こそ生涯をかけるテーマ

「早期起業家教育」とは、数字で測ることができない「生きる力」

子どもの将来の可能性を広げる教育方法との出会い

私が目指す起業家的精神（アントレプレナーシップ）とは、数字で測ることができない「生きる力」だ。自分で新しい価値を生み出すこと、自分の力で未来を切り開くこと、どんな世の中になっても挑戦すること、失敗してもガッカリせずに次にトライできる強い気持ちでいること、いろいろな人と協調しながら幸せに暮らすこと。多くの子どもたちが、それらを身につけた大人になり、幸せになってほしい。日本はもちろん、どの国の子どもでも、そうであってほしいと心から思う。

子どもの幸せは、きっと多くの大人が願っていることだろう。しかし、どんな方法で、どんな教育が、子どもの幸せを可能にするのだろうか。私自身が「子どもの将来の可能性を広げる教育方法」に出会ったのは、30代後半だった。

その出会いは偶然だったのか必然だったのか、当時の私は、まさか自分自身の生涯のテーマになるとは夢にも思っていなかった。それが「早期起業家教育」として「SelfWing Method」を確立するきっかけになった。1990年後半当時は、起業家教育やベンチャー論は、大学や社会人が学ぶ科目として認識されていた。大学には競うように、それらを指導するコースや学科が増えた。

早期起業家教育2つの側面

私が提唱する「早期起業家教育」とは、小学生以下の児童に対して起業家教育を行う方法だ。その側面は2つある。

一つは、お金とは、仕事とはいったい何なのかという概念を体感させること。

もう一つは、自分のやりたいことを明確にし、それを企画にして相手にわかるように説明し、協力を得て実行に移し、その成果を確かめることである。

この2つの側面を進める過程で、失敗をし、失敗から学び、人と協力し、人を尊重し、そして自分の価値に気づくことが「早期起業家教育」の目的となる。

私が創業当時に記した言葉がある。

「小学生に対する『早期起業家教育』とは、お金を稼ぐことが上手な大人になるための教育ではありません。事業を起こす才能を子どものうちから育てる英才教育でもありません。そういう側面もありますが、それがすべてではありません。あくまでも子どもの創造力、分析力、実行力といった生きる力を育むことが目的です」

今でもその想いは変わらない。

日本における「早期起業家教育」の現状

日本で「小学生からの起業家教育」の教材づくりが始まったのはその1990年代の終わりだが、残念ながら20年以上たった今でも、日本では海外に比べると認知度はまだまだ低い。

アメリカでは、子どもたちがレモネードスタンドを開いたり、自宅のガレージでフリーマーケットを行うなどして、自分のお小遣いを稼いだり、寄付する。親は「起業家になりなさい」「自分でお金を稼ぎなさい」という部分だけでなく、非認知能力や、自己肯定感を上げ、早くから自立することに重きを置いているのだ。海外ではお金の授業、使い方、貯め方、運用の仕方を学ぶ授業が行われているが、日本ではまだまだ本格的な授業はない。

私が「早期起業家教育」で目指した学習効果は、「数字で測れないもの（非認知能力）」であり、その学習効果を可視化し、検証することが必要だった。日本にはなかった新しい教育方法には、「エビデンス（裏付け）」が必要だったのだ。

10年間にわたった学習効果の検証を終え博士論文にまとめても、まだまだ一般に普及するには時間がかかった。日本で株式会社として「早期起業家教育」を継続することは、大きなチャレンジだったのである。

「早期起業家教育」がライフワークになった出来事

東日本大震災の復興から得たもの

「早期起業家教育」への意識が大きく変わったのは、2011年の東日本大震災だ。想像もつかない事態に、茫然とした。明日、何が起こるかわからない現実を目の当たりにして、自分が本当にやりたいこと、やるべきことをやっているのか？　自問自答で悶々としていた。「早期起業家教育」の国内需要も低下の一途をたどった。「今、喫緊に必要なもの」と見なされなかったからだ。会社も、自分の心も危機に陥った。

そんな時に、一つのニュースが飛び込んできた。日本が過去に技術支援をしたお礼にと、中東のカタールが東北の復興支援に多額の寄付をし、多くの緊急支援がなされたのだ。そして、東北に新しい事業を起こせる「起業家教育精神を持つ人材育成」が不可欠だとして、イノベーション（改革）をテーマに、教育施設を建設する計画がスタートした。

中東における「早期起業家教育」

中東は、「早期起業家教育」や女性の自立のための起業家教育を早くから認めてくれた地域だった。中東にとっての「早期起業家教育」は、50年後に石油産業が衰退した時に新しい事業を起こせる人材の育成のため、そして自宅にいながらでもビジネスを起こせる自立した女性を育成するためのものだった。

50年という長期的展望で、「早期起業家教育」をとらえてくれたことが本当に嬉しく、東北の状況を目の当たりにしながら何もできない自分にふがいなさを感じていた私にとって、「早期起業家教育」の分野なら何かしら貢献できるかもしれない、と希望が湧いた。

「新しいことを起こせる人材」「緊急事態からでも再び立ち上がれる人材」の育成の支援を過去の日本の技術支援への恩返しのために尽力してくれることに感動した。今思うと、この時から「早期起業家教育」が私のライフワークになったのかもしれない。

将来の日本の子どもたちのためにできること

日本の子どもたちに乏しい「自己肯定感」

自分の国を誇れること、日本人であることを誇れること、そして自分自身を誇れることは、生きていく上でとても大事なことだ。だが、日本の子どもたちの「自己確信力」「自己肯定感」は、他の国に比べて低い位置にある、と言われて久しい。

個人的には、日本には「謙遜の美徳」という考え方があるように、文化的背景も考慮して多面的に判断するべきだと思う。しかしそれを考慮したとしても、もっと自分自身の価値を認められる社会になってほしいと願っている。

自己肯定感は、一般には自信に近い。また、心理学では自尊心、自己効力感、自己有能感、自己受容感などと定義している研究もある。厳密にはそれらを区別することもあるが、そうしたプラスの意識や感情を日本の子どもたちに高めてもらいたい。それを実現する方法として、「早期起業家教育」をより多くの子どもたちに提供できればと考えている。

「早期起業家教育」に関する誤解

「早期起業家教育」に関しては、いまだに誤解されている面がある。

まずは起業家や経営者を育てることだけを目的にしている教育である、との思い込みだ。そのため、「うちの子どもに経営者になってほしいと考えていない」「うちの子どもは技術者になるのでこの教育は必要ない」といった反応がよく返ってくる。

しかし、少し考えてほしい。将来、音楽家にならないからといって、音楽の授業を受けない、スポーツ選手にならないから体育の授業は受けない、そして言語学者にならないから国語の授業は受けないという人はいない。音楽、体育、そして国語の授業は、それぞれ大人になった時に、社会で生きていくために必要な情操、体力、常識などを身につけるためのものであって、その道のプロになることを目指すものではない。「早期起業家教育」も同様で、子どもの創造力、分析力、実行力、失敗を恐れない力などといった「生きる力」を育むことが目的なのである。

さらに、「小学生にお金の話は必要か？」「小学生には他に優先して学ぶべきことがあるのでは？」という反応がある。

お金の話を抜きには「早期起業家教育」はできない。プログラムの中には、本物のお金を使い、実際に商売をさせ、その結果を「決算」として提出することも含まれている。教育方法となると経済の話をすることや、お金を使うことを批判する一方で、お正月や誕生日には数万円もの現金やプレゼントを子どもに渡している現実がある。

自分の知恵で失敗を恐れずお金を稼ぐというプロセスや仕組みを知ることなく、お小遣いやプレゼントを受け取っている子どもの将来こそが危ういものであることを知ってほしい。お金は天から降ってくるものではないこと、お金は自分の知恵、人との協力で得るもの。自分でビジネスをし、世の中の役に立つことを学ぶためには、早期、つまり小学生以下で実体験することが効果的なのだ。

「早期起業家教育」を開始する効果的な時期

私は起業家の方々に、「何歳の頃に、仕事に関する刺激を受けたり、起業やそれに類する教育の情報を得たか」について調査をした。

その結果、多くの人が小学生以下の時に、「感動する本を読んだ」「祭りの時に出店をして実社会に接した」「身近に格好良くて会社を経営している大人がいた」という経験をしていた。

では、今の私たちにできることは決まっている。子どもたちが自分に自信を持ち、将来自分の力で未来を切り開くことができるように育成するには、幼少期に〝いつでも、どこでも、誰でも〟「早期起業家教育」にアクセスできるチャンスを提供することだ。

現在、海外で「早期起業家教育」を実施していく中で、「数字は万国共通語」であることに改めて気づかされた。日本から「早期起業家教育」を輸出して、言語や文化を超えて広く使われるようになった時に、日本の子どもたちも同じ土俵で、切磋琢磨し、自己実現し、活躍できるのではないだろうか。

そして、新しい価値を生み出し、多くの事業を起こし、日本人としての誇りを持って活躍してくれるのではないかと願っている。

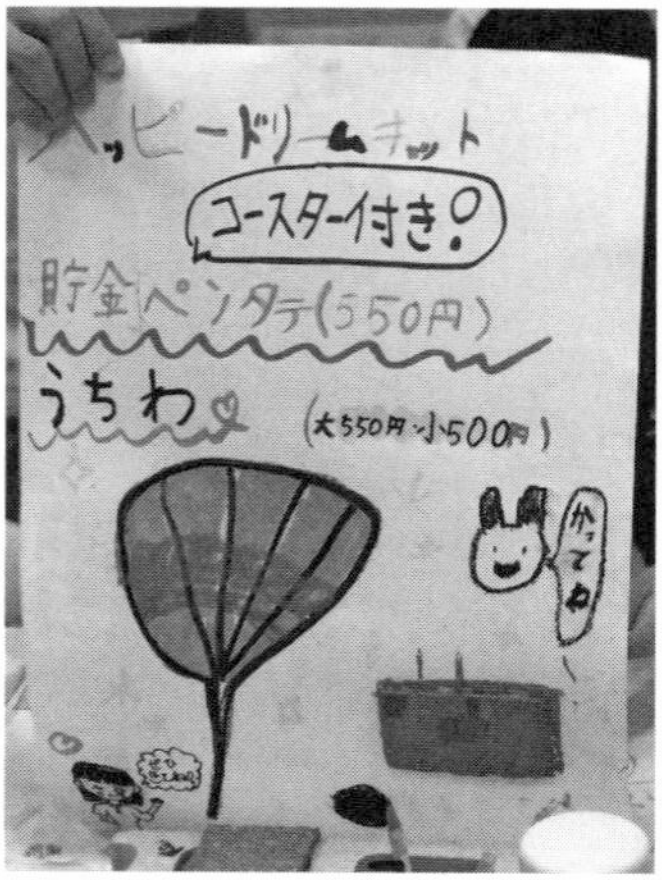

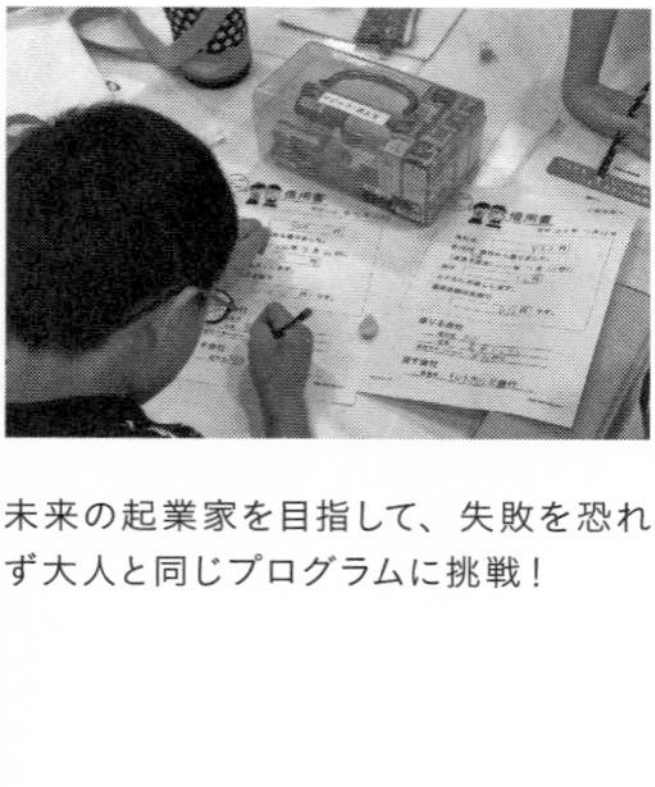

未来の起業家を目指して、失敗を恐れず大人と同じプログラムに挑戦!

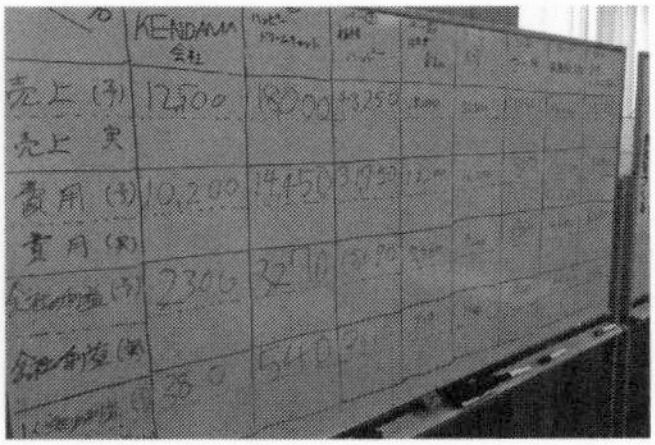

会社のビジョンから、商品コンセプト、事業計画から実績の確認まで、友達と一緒なら最後までがんばれる！

第2章

海外へ教育を
輸出しよう

教育は「重要な国策である」と再認識

日本企業勤めの10年間

私は2000年に創業する前に、日本の企業で10年、社会人としてタイムカードを押す生活を経験した。その後、外資系の企業に転職し、独立した。日本の企業では日本から海外へ、留学生を送り出す仕事だった。

私自身も留学を経験し、日本の大学に復学した経験を持つ。多くの人が海を渡り、お互いを理解し合えたら、必ず世界は良くなると心から信じていた。

大学卒業後、すぐにでもアメリカに戻りたい気持ちがあったが、それは当時の日本企業で、大卒女子にポジションがなかったことからの現実逃避だったかもしれない。大学時代の恩師にそう指摘されたこともあり、まずは日本企業で10年がんばろうと決めた。

入社後、円高や好景気もあり、空前の留学ブームとなっていた。20代だったので体の無理もきき、文字通り倒れるまで働いた。会議で発言すると「女のくせに生意気だ」と言われ、日本の組織の不条理も矛盾も学んだ。

業績が悪化した時には、M&Aで買収される側の管理職も経験した。昨日まで親切だった金融機関の担当者に、禁煙の部屋で「おい、灰皿持ってこい！」と言われ、衝撃を受けたことも記憶に残っている。生意気盛りだった私にとっては、良い試練だったのかもしれない。

日本企業で10年間勤務して、とてもありがたい経験もたくさんさせてもらった。教育関連の国際会議に出席する機会に恵まれたのだ。今では珍しくないだろうが、当時は経験の浅い女子社員を一人で海外出張に、それも頻繁に行かせてくれる日本の会社は稀有《けう》だったと思う。

今でも忘れられない出来事がある。アメリカ南部のルイジアナ州のホテルに滞在した時のことだ。仕事を終え部屋に戻ると、赤ワインとチョコレート、そして日本の浴衣がきれいな日本語の手書きのメッセージカードと共にデスクに置いてあった。

〝日本も、貴女のように若い女性を、出張に派遣するような国になったことを心から嬉しく思います〟

当時のルイジアナでは、街を歩いていても日本人とすれ違うことは皆無だった。これは、もっと以前に日本から海を渡った日本人女性が懸命に働き、そのホテルのマネジャーになり、宿泊者名簿から日本人の私の名前を見つけ、心づくしのもてなしをしてくれたのだと知った。

この出来事以降、日本の企業での不自由に愚痴を言うのをやめた。それは私より何十年も前に一人でこの南部の地にやってきて、ホテルの責任者まで上り詰めた彼女の勇気と決断を、未熟な私でも容易に想像できたからだ。

アメリカの教育制度を学ぶためのトレーニング

時には、1カ月にわたり大きなスーツケースを引きずって、アメリカ各地を回った。また、フィリピン、スリランカ、ケニア、ヨーロッパ、南米などから派遣されてきた人たちと共に、各国の教育制度、アメリカの教育制度を学ぶためのトレーニングプログラムに放り込まれたこともあった。20代最後の年だったと思う。首都ワシントンDCでの研修、国際機関への訪問、ETS（Educational Testing ServiceHc. アメリカであらゆるテストを扱う機関）での研修の他、留学生をどのように指導するべきか、自分の意思をどのように的確に伝えるかなど、研修内容は多岐にわたった。

「ＴＯＥＦＬ」という言葉は、英語を学ぶ人なら一度は聞いたことがあるのではないかと思う。「ＴＯＥＦＬ」の試験に関しては、ＥＴＳが運営している。アメリカの大学や大学院に入学するために、留学生に求められる試験のため、毎日ＥＴＳには膨大な試験の申込用紙が届く。試験の申し込みを受理する施設は文字通り「巨大な工場」だった。申込用紙は自動的に開封され、仕分けされていく。その膨大な量を見て、世界中の頭脳がアメリカの大学、大学院を目指しているのを目の当たりにした瞬間だった。

さらに驚いたのは、万が一、試験の申込用紙の中に危険物が混入されていても安全なように、分厚い鉄板で作られた施設をベルトコンベアに乗って、申込用紙がなだれ込んでいく様だ。アメリカならではの安全対策だと、記憶に残っている。

「教育」が「国策」であること

このＥＴＳはＮＰＯだ。ＥＴＳの敷地は優雅で美しく、庭には噴水と色鮮やかな花と樹々があふれ、なんと鹿が思い切り走っていた。そんな景色に癒やされながら、私たちは研修を受けた。日本の研修といえば、まず「服装を正し、私語をせず、背筋を伸ばして講師の話をひたすら聞き、パイプ椅子に座って受けるもの」だと思っていた。

しかし、アメリカは違った。朝からコーヒーの香りと山のようなフルーツに囲まれて、体が埋もれてしまいそうな柔らかいソファに座って学んだ。アメリカの「教育産業」の底力を思い知らされた。

そう、「教育産業」なのだ。アメリカではさまざまな国から留学生を受け入れるために、教育のための大きな国際会議を毎年開催していた。

アメリカの高等教育の素晴らしさと実績を世界中にアピールし、外国の専門機関にはアメリカに留学生を送ることを推奨した。アメリカ国内の大学、教育専門家には、留学生の受け入れ方や、アメリカで成果を出させる方法を説いた。

優秀な学長は、学術的な実績は当たり前だが、世界中の企業から研究費を調達し、大学のブランディングを実施する。学長が替わっただけで大学ランキングが劇的に変わることは、日常茶飯事だった。

世界の頭脳がアメリカの大学を目指し、アメリカのファンになり、そのままアメリカに残って新しい価値を生み出す。また母国に帰った者の多くは、知米派になり活躍する。教育とは、国内の活性化はもちろん、外交としても国防としても、重要な「国策」になり得ると思った。

教育とは広い意味で、武器を持たない防衛

もう一つ、学んだことがある。「フルブライト奨学金」のことをご存じだろうか。第二次世界大戦後間もない頃に、当時のアメリカ合衆国上院議員であるJ・ウィリアム・フルブライトが、「各国の相互理解を高める」ことを目的として、フルブライト奨学金を設立した。

当時、日本からも多くの人材が「フルブライト奨学生」として海を渡り、帰国後は各分野の第一人者として日本の成長を支えた。フルブライト議員は、反戦を貫いた議員だと聞いている。

「他の国へ行って、その国の人と交わり同じものを食べたら、その国のファンになり戦争をしようという気持ちにはならないだろう」という趣旨のことを述べられ、世界中の優秀

な若者をアメリカに招聘した。教育とは広い意味で、武器を持たない防衛となることを、今も心にとどめている。

また、教育輸出を促進しているのは大国だけではない。フィンランドでは、1991年のソ連崩壊時に第一の貿易相手国を失うことになり、深刻な不況に陥るが、ここで「教育、研究、開発」の3分野に国の資源を注入することを決定し、実践してきている。学力の伸びも顕著でありながら、工業貿易のみに頼らない新しい産業、イノベーションが生まれたフィンランドを多くの日本の教育者が訪問し、その教育モデルを称賛し参考にした。

これも国策として大きな決断だろう。初等、中等教育のカリキュラムの多くの時間を起業家教育にあて、1970年代から「持てる資源のほとんどを教育に投資する」という理念を掲げた。

私は縁あってハワイの地でフィンランド人の女性と約1年生活を共にした。実際にフィンランドも訪れた。彼女をはじめ多くのフィンランドの人たちが、自分たちのことを「スオミ人(フィン人)」と呼び、誇りにあふれていたことがとても印象的だった。

そして、かなりの親日家だ。ハワイからフィンランドに着いた日焼けした私を見て、「日本人なのに、どうして白くないのだ」とガッカリされた。当時はフィンランドに「Geisha（芸者）チョコレート」や、東郷平八郎元帥に敬意を表したとのいわれのある「東郷ビール」があり、芸者のイメージと私を比べてそう言ったのだろう。

教育輸出大国・フィンランド

フィンランドの教育の話に戻そう。フィンランドの教育輸出は、とどまるところを知らなかった。2017年6月には、フィンランド国立教育機関（Finnish National Agency for Education：EDUFI）が、フィンランドの教育輸出を強化するための機関として任命を受け、新成長プログラム「フィンランド教育（Education Finland）」を発足し、企業、高等教育機関、その他の教育訓練機関が国際市場を拡大するための重要な役割を果たしている。

フィンランド企業が開発したデジタルラーニングは、すでに世界中で実績があり、カタールとアラブ首長国連邦の学校では、フィンランドの教授法が取り入れられ、フィンランド人の教員が働く学校が設立されている。

教員研修に関しては、サウジアラビア、コロンビア、インドネシア、南アフリカなどの国々で活用され、カリキュラム開発や幼児教育と幼児のケアなどの専門知識も、国際的な関心を集めている。

さらに２０１８年には、職業教育および職業訓練改革により、職業資格の輸出が解禁された。ＥＤＵＦＩはすでにパイロットプロジェクトを運営しており、11の研修機関が20カ国に職業能力を基礎とした資格を輸出している（出典：日本学術振興会　https://bit.ly/2YgMXzo）。

国の苦境を乗り越え、教育を輸出したフィンランドの人口は、約５５０万人。これはシンガポールとほぼ同じだ。国の規模や主義主張に相違はあっても、教育輸出を産業として育成する国策ととらえている。

しかし、教育を単なる収益源と見なしているだけではなく、教育輸出を通じて、世界の相互理解や、新しい産業の創出、一人一人が活躍できる世の中をつくろうという大きなビジョンが根底にあることを忘れてはならない。

一方で、日本における「早期起業家教育」は、何度もそのブームを迎え、不況になると衰退している。子どもへの教育投資は、すぐに効果が見えないからだ。

日本の強みは、一定の教育をほぼ全ての国民が受けられることだ。これは健康保険制度と同じく、日本が誇るべきことだろう。だが、それ故に国民にとって「平等」でなくてはならない。日本には「エリート教育」という言葉がそぐわないのである。日本の同調圧力のもとで、子どもたちが思い切り翼を伸ばすことは依然として難しい。

外国人の留学生にとって日本への留学奨学金の条件には、学術的な能力はもとより一部を除き「日本語」で学問するという壁がある。英語圏と比較すると、日本に留学に来る外国人留学生の数は圧倒的に少ない。

現在では改善された部分もあるが、もっと日本のことを知ってもらいたい、親日派を増やしたいと考えるなら、「日本から海外に教育を輸出したらどうだろう?」。そんなことが頭をよぎった。

しかし、その思いが実現するまでに、随分と多くの試行錯誤と長い時間が必要だった。

いつも身近にあった多国籍な世界

外資系の教育ベンチャー企業に転職

１９９５年に、10年勤務した日本企業から、外資系の教育ベンチャー企業に転職した。その後、日本にインターネット企業によるネットバブルが起きた。その会社もＩＴの力を駆使して、オンライン教育やニューロサイエンスを活用した新しい教育方法の開発など、新規事業に果敢に挑戦した。現在ではオンライン教育は不可欠だが、当時はまだ「Ed Tech（エドテック）」という言葉さえなかった、のではないだろうか？

創業メンバーはすべて20代のアメリカ人で、エンジニアはオーストラリア、インド、アメリカ、日本など多国籍にわたった。今では当たり前の環境が、20年以上前に私の目の前に現れたのだ。

今まで何度かの「ベンチャーブーム」が起こり、起業、創業が推進されている。しかし、当時は「ベンチャーはリスクが高く、ともすれば胡散臭《うさん》い」と言われる時代だった。彼らと一緒に資本金口座を作りに行くと、「資本金をお預かりするには、今までのご実績が……」という答えが大真面目に返ってきた。創業時に「実績」とは、この時ばかりは何と通訳したものか、言葉を失った。

今では想像もできないが、決して珍しいケースではなかった。なぜ日本は新しいビジネスにチャレンジすることが、こんなに難しいのか。この時すでに、海外で仕事をするという選択肢が、心のどこかに芽生えていたのかもしれない。

アメリカやオーストラリアの20代の若者が、日本という言葉もわからない国に飛び込んできて、「ネットビジネスをやります！」「オンライン教育をします！」と、どんどん起業していくのを目の当たりにした。

このチャレンジ精神や、失敗にめげないマインドはどこから来るのだろうかと、真剣に考えたものだ。そして得た答えが、彼らは幼少期から日常的に「起業家教育」的なものに触れていたという事実だ。それは決して特別なことではなく、学校でも、家庭でも、コミュニティでも、学習、体験、経験のチャンスはどこにでもあるということ。まさに「早期起業家教育」は彼らにとって、誰もが勉強する「一般教養であり、リベラルアーツ」だったのだ。

留学生たちと共に学ぶ社会人大学院生に

今でこそ海外で創業することは珍しくないが、私は海外で学べる環境でキャリアを積んだことで、仕事は世界のどこでも可能なのだと実感していた。オンラインでもオフラインでも、一番仕事がしやすい国へ行けばいい、望まれる国に行けばいい、それが当たり前のことだった。

毎日が充実しており、アジア諸国にも随分と訪れた。会社の本部はアメリカにあったが、アジア中に支社があったため、毎年それぞれの国がホストになり、一堂に会し各国の教育の状況についてディスカッションをする。まだまだ知らないことが多く、教育分野について、もっと学びたいと思った。なんと、大学を卒業して10年以上もたっているにもかかわらず、学習意欲が湧いた。

私は新規事業を担当しながら、会社を預かるマネジングディレクターになり、仕事の面白さを実感していたので、大学院に戻るために退職する、という選択肢はなかった。

そこで、日本国内で「社会人大学院生」になる道を選び、久しぶりの受験と面接に臨んだ。早稲田大学大学院の「アジア太平洋研究科」だ。日本の大学を卒業し、いつか大学院へ戻りたいと願った日から、15年以上もたっていた。

今回は現実逃避ではない。私の足はしっかりと地に着いていた。ここでも、「アジア太平洋研究科」という名のとおり、多くの同級生は留学生だった。伸び盛りの国から、国費留学生として国家の将来を見据えて家族を連れて来日し研究している学生も多かった。

教育について学び、研究しながら、自社が展開する「早期起業家教育」の学習効果を検証する。教育という「形」のないもの、「効果をすぐにテストの点数に反映できないプログラム」を世に問うためには、学術的に検証し、エビデンスを出すことが必須だと考えたのだ。

私の大学院在籍は、11年に及んだ。会社のみんなが、学びを継続することの背中を押してくれた。

しかし条件は、「仕事の結果はきちんと出すこと」。大きなバッグを担いで、大学院と会社を往復し、夜な夜な晩酌をしながらレポートを書く日が続いた。会社の経営もあり、何度も投げ出しそうになった博士論文だが、国の将来を背負って来ている留学生の姿を見て、自分を励ました。

どうにかプログラムの検証を終えることができたのは、恩師や社員、そして多くの協力者のお陰であることは言うまでもない。

個人の論文ではなく、「早期起業家教育」に思いのある人みんなの論文だった。ずっと年下の同級生たちが、会社の理解や承認を得られず、会社に内緒で研究している姿もあった。いつでも新しい知識を学ぶことは大歓迎、当たり前、という社風にどれだけ感謝したかわからない。

その感謝を次の世代に返したいと思い、弊社でも、勉強や育児、介護でも、自分の裁量で実施してもらいたいと考えている。

なぜなら、これはお互いへの愛情と根本的信頼があれば簡単なことであり、結果お客様もスタッフも、そして会社もハッピーだからだ。

日本では理解が進まなかった「早期起業家教育」

事業として継続するハードルの高さ

「早期起業家教育」の学習効果や、早期から実施することの有効性は証明したものの、やはり事業として継続するハードルは依然高かった。日本での必要性については納得しても、では学費を支払ってくれるのか？　というと、塾のように点数が上がるわけでもない、英語のように成果が実感できるわけでもない事業では、そう簡単にはいかない。

一方、国の将来を考える頼みの綱の行政の予算は、景気や政権によって左右され、リスク満載であることに変わりはなかった。

日本にも「米百俵」という素晴らしい思想があったが、現実は「目の前の結果」を、求められた。「『早期起業家教育』の予算を使って、何人起業しましたか？」と何度聞かれたことだろう。

対象は、10歳前後の子どもである。「これは非認知能力を高めるものです」と伝えても、当時はそんな理屈は通じなかった。

2000年に日本で総合的な学習の時間が検討・導入された時に、「生きる力を身につける」という目標が掲げられた。まさしく「非認知能力」だ。

しかし当時は、「環境」「福祉」「国際関係」などはトピックに挙がっても、「起業家教育？　それは何ですか？　日本の子どもを拝金主義にするつもりですか？」

そんな反応だった。

多くの海外諸国では、すでに当然のように導入され、成果も上げている状況を説明しても、日本で「総論賛成、各論反対」の域を出るには、その後しばらく時間がかかることとなる。

「日本では難しいのか……」そう思った時に、手を差し伸べてくれたのが全国の商工会、商工会議所、地方行政の産業振興課だった。地域経済の後継者育成のため、そして「子どもたちを地域でたくましく育てよう！」と声を上げてくれた。

「早期起業家教育」は、経済など社会の仕組みもお金の大切さも、たくましい心も育てることができるハイブリッドな教育だと、本質とビジョンを共有してくれたのだ。

誰もが持って生まれてくる「起業家としての土台」

繰り返しになるが、「早期起業家教育」が目指すものは、「起業家的な考え、アントレプレナーシップ」という土台となるマインドセットだ。

だから幼少期に、この教育に接することが重要なのだ。その土台の上に、本人が望めば起業の知識や、実際の起業へのプロセスを構築することになる。土台のマインドを育成することなしに、「ベンチャー講座」や「創業講座」などノウハウだけを提供した結果がどうなったかは述べるまでもない。

このマインドは、「本能」と同じように、すべての人が持って生まれてくると考えている。ただ成長過程で得た「知識」によって、失敗は恥ずかしい、などとその本能にブレーキがかかるのかもしれない。

一番その効果が高いのは幼少期での受講だが、子どもたちを指導する役になった地域の青年部などが教えることによって、その本能を取り戻し、起業家精神を発揮する姿を見られたことは、予想外の収穫であり嬉しい驚きだった。

私自身も社員も日本中を回って、この事業を継続した。「10年はがんばろう！」を合言葉に、必死に続けた。今だから言えることだが、周囲は3年も持たないと思っていたらしい。だが、つまずきながらも今年、20周年を迎えた。

第3章

「日本の教育」を持って世界へ

望まれた日本の「早期起業家教育」

自分たちの国の将来のために

前述したように、東南アジアや韓国、中東諸国から「幼少期からの『早期起業家教育』が必要だと思うから、一緒にやってくれませんか？」と連絡が来た時には、喜びよりも驚きが先に来た。日本で経験したような「早期起業家教育」の必要性を訴えたり、研究のエビデンスを示す必要もなかった。

「これは絶対、わが国の50年後の社会に必要なことだから」と言ってくれたのだ。

「今は安価な人件費が理由で、多くの国が工場を建ててくれるけれど、今後は自分たちの産業を生み出したい」

現状は起業などをしなくても経済や社会は成り立っている。しかし、その次の時代を見据えている人にたくさん出会うことができた。そして、「早期起業家教育」を「日本から輸入」しようと思ってくれる国が数多くあること、必要とされていることを思うと、無条件に嬉しかったことを覚えている。

それまで積み上げてきたキャリアの中で、多くの国で学んだこと、大学院に在籍した11年の間にたくさんの留学生と意見を交わしたことが、ここに繋がっていたのか、と感慨深かった。

「SelfWing Method」が選ばれた理由

多くの国で早期の起業家教育が実施されている中で、なぜ「日本」だったのか、なぜ「SelfWing Method」と名づけた私たちのプログラムを選んでくれたのか。

海外における日本企業のビジネスの進め方に対して、諸々の揶揄《やゆ》や批判があることは十分承知している。視察に来て、また視察に来て、今度は上司と視察に来て、そして「検討します」と帰国する。そして結論が出た頃には、すでに他の国がその案件を実行している。このような状況があるのに、日本の「早期起業家教育」を選んでくれた。

理由は明確だった。時代が変わっても、日本人のビジネスに対する倫理観は高く評価されていたのだ。決断は遅くても、約束したことはきちんと守り、最後まで計画通りにやりきる。各国でプロジェクトを進める時は、可能な限り現地の人を雇用し、「郷に入っては郷に従え」を実践しようとする。賛否はあれ、日本人への信頼は健在だったのだ。

そして数多くの「早期起業家教育」がある中で、「SelfWing Method」を選んでくれた理由はいくつかあった。

子どものプログラムでありながら、ゲームや机上の学習ではなく、実経済の中で学べる仕組みであること。

既成のプログラムを一律で実施するのではなく、日本全国で各地域の条件に合わせてプログラムを丁寧にカスタマイズしていたこと。

大学院で学術的にも学習効果が検証されており、継続的な学習が望めること。

この3つの点が認められた。単なる子ども向けの学習ではなく、国の将来と子どもたちが直面する環境を長期的に見据えての判断だった。

すぐに結果や成績向上を求められてばかりいた私には、嬉しい驚きと共に、会社の新しく生きる場所を見つけた瞬間でもあった。

ベトナム、そしてダナンでの出会いから、法人設立へ

カンボジアへの出張で立ち寄ったベトナムの印象

初めてベトナムを訪れたのは、2013年だった。最終目的地はカンボジアだったが、直行便がなく、ホーチミン市を経由地としたためだ。

その時は、カンボジアの「農家向け起業家教育」の開発を手掛けていた。マイクロファイナンス（小規模金融）を利用して効率的な農業ができるように、日本政府は小規模農家向けに農機具の導入などを支援していた。農家は、農機具を購入するために借入や返済についての知識を習得し、収支を合わせて健全に農業を実施し、発展できることを目的にしていた。

通常の出張なら数時間で乗り継いで目的地へ直行していたが、なぜかその時だけはホー

チミンに興味が湧き、数泊してみようという気持ちになった。

当時、国民の平均年齢が28歳とも言われていたベトナムのエネルギーに圧倒された。バイクが途切れる間もなく押し寄せた。逆走が当たり前のようなバイクの波をぬって、道路を一人で渡れたら一人前と言われるその街を、地図を片手に一人で歩いた。カンボジアとの国境に接し、カンボジアの首都プノンペンまでたった40分程度のフライトの距離なのに、全く違った文化を肌で感じた。

その日から3年後の2016年に、自分自身がダナン市で創業することになろうとは夢にも思っておらず、「いつか、この国にも『早期起業家教育』を輸出したい」とぼんやりと思っていたことを覚えている。そして7年たった今、現在のホーチミン市はもはやその時とは別の都市の様相を呈している。一部伝統を残しながらも、その街並みと発展の速さは、訪れる誰もが目を見張るだろう。

まず、どの国に教育を輸出したらいいのか?

2013年にベトナムを訪れてから、創業するまでには多くの紆余曲折があった。漠然と海外での教育事業を考えながら、視察や研究に何カ国かを訪れた。アメリカはもちろん、韓国、台湾、香港、中国、マレーシア、カンボジア、シンガポール、中東などを歴訪しながら、どの国に教育を輸出するのがいいだろうと模索した。

日本と文化が近いのはどの国か？　やはりビジネスは英語圏がいいか？　宗教的な制約はあるのか？　など諸々の条件が頭をよぎる。最終的に重要なポイントとしたことは、たとえ少額でもいいので、保護者が教育に対してお金を払える、また払う気持ちがある教育熱心な国であること。

当時はASEAN諸国で教育をすることイコール、国際支援、篤志家の寄付、ODA（政府開発援助）などのイメージがあった。それはそれで、とても貴重で大事なことだ。しかし私は、企業としての判断をしなくてはならなかった。

カンボジアに頻繁に通いビジネスを模索し、シンガポールに法人を設立し、そして撤退などの試行錯誤を繰り返しながら、最終的にベトナムとご縁を得た。

ご存じのとおり、ベトナムは社会主義の国だ。そして女性もよく働く。共働きが基本だと聞いた。保護者はもちろん家族全員が、自分たちの収入の中から子どもに教育投資をする素晴らしいメンタリティがあり、経済力を得つつあった。社会主義の国で会社をつくる。それがどのようなことか、ベトナムの苦難の歴史は学んでいたものの、それでもまだ想像のレベルでしかなかったかもしれない。当時の私のベトナムに対するイメージは、敬《けい》虔《けん》な仏教の国であり、親日の国らしいということくらいだろうか。

当然のことだが、海外で仕事をするなら、まずは行ってみて、自分で感じてみることが大切だ。実際に土地の人に触れ、文化に触れ、自分の足で歩き、自分の目で見て、自分の頭で判断する。その上で、初めて綿密なマーケティングデータも役に立つのだ。

「なぜ、ダナンだったのですか？」とよく質問される。ダナンは、北の大都市ハノイ

インドシナ半島東部の南北に長いベトナムの中間にダナンは位置している

と南の大都市ホーチミンのちょうど真ん中あたりに位置し、ベトナム第3の都市と言われている。多くの世界遺産の玄関口として知られ、ASEANを東西に貫く「東西回廊」の東の玄関とも言われる大きな港を有する。

ダナン出身の女性との出会い

初めて訪れた2015年当時、ハノイやホーチミンの唸るような喧噪と湯気が上がるような活気がある都市とは、ダナンは少し様子が違った。活気はあるが、どこか「懐かしい」感覚に近かったかもしれない。海、山、大河があり、とても美しい街だ。人々は穏やかで礼儀正しい。

ダナンがある中部地区には、ベトナム最後の王朝と言われる「グエン朝」があった。そのためか、中部の女性は古き良き時代の習慣を守り、とても「つつましやか」な一面がある。少し足を延ばして王朝の都だった街、フエまで行くと、純白のアオザイ（ベトナムの民族衣装）を着た女子学生がそれは楽しそうに歩いている。

現在は、成田空港からダナンまで直行便で結ばれるようなった。70キロ以上にわたる美しいビーチを有し、ビーチ沿いには5つ星ホテルが乱立する一大リゾートとして、日本でも注目されるようになってきている。2017年にダナンでAPEC（アジア太平洋経済協力会議）が開催されたことにより、「国際都市」の仲間入りを果たしたことは記憶に新しい。

ダナンはベトナム国内でも高い成長率を誇っているが、当時人口100万人の都市だった。一方、ハノイはベトナムの首都であり、ホーチミンは産業をリードしている。どちらも間もなく人口が1000万人になろうとしている大都市だ。ベトナムでビジネスを検討する時、多くの企業はまずこのハノイ、ホーチミンの2つの都市の情報を手にすることになるのではないだろうか。

しかし、運命とは不思議なものだ。私自身も、当初はダナンに法人を設立するとは思ってもいなかったが、偶然にハノイでダナン出身の女性と出会う。流暢な日本語を操ることはもちろんだが、その気配りに驚いた。その時は名刺を交換し帰国をしたが、その女性から連絡が来た。私の日本での仕事を調べてくれたのだという。

「ベトナムでもこれから自立する子どもを増やしていきたいので、起業家教育にとても興味がある。ついては、ダナンの大学やダナンで幼稚園をつくりたい人に、起業家教育についてプレゼンテーションをしてほしい」という依頼だった。

後日、ダナンの空港で私を迎えてくれた彼女は、満面の笑みで大きく手を振っていた。この女性（ユン）は、その後私の唯一無二のパートナーとなり、ここから彼女との二人三脚が始まった。

教育事業におけるダナンでの可能性

「なぜ、ダナン市だったのですか？」の問いには、いくつも答えがある。

ダナンの素晴らしさ、経済的なポテンシャル、優位な立地、その他多くの理由は、私が語らなくても歴然としている。私個人の答えは、ダナンの街に一目惚れをして、かけがえのないビジネスパートナーに「ベトナムの神様」が引き合わせてくれたから、ということだろう。もしマーケティング調査の数字だけを信じていたら、今頃は別の都市にいたに違いない。人のご縁とは本当に不思議なものだ。

少しだけビジネスの側面から言うと、ダナンにはまだまだ成長の伸びしろと、大きな可能性を感じている。私の仕事が「教育事業」でなかったら、他の都市を選んでいたかもしれない。しかし、ここは100万人を少し超える規模の都市だ。大都市とは違い、日本的なサービスや教育に対する反応がダイレクトに返ってくる。いいことはもちろん、失敗も修正できる。

まずはベトナムの人たちに「手を引いてもらいながら」いったいどんな教育にニーズがあるのかをダナンで検証し、大都市に展開するにはその後でいいと考えたのだ。

そして「オンライン教育を導入しよう」と心に決めた。そこから、模索の日々が始まったのである。

「SELFWING VIETNAM」の設立

2016年に、ダナンに「SELFWING VIETNAM（セルフウイングベトナム）」を設立した際には、ベトナム人と日本人が協力し、ダナンで教育事業会社を設立するということで、設立のお披露目会を開催した。

ベトナム式で、女性はみな式典用のアオザイを着ての立派な会になり、日本からも経営者の先輩や仲間が30人ほどでツアーを組んでお祝いに駆けつけてくれた。

ベトナム側からは、フック現首相をはじめ、政府高官が参加してくださった。これは異例中の異例で、SPがピリピリしていたことをよく覚えている。結局、ベトナムの企業関係者など数百人の規模になり、式典はダナン市人民委員会所有の建物で執り行われた。

ダナンでの最初のオフィスは、ダナン大学の本部の一角に構えた。今思い返しても、すべてが異例だったと思う。種明かしをすると、式典3日前にダナン入りするまで、まさかこのような盛大な会になっているとは想像もしなかった。ユンと当時のスタッフがどれだけがんばったかは、想像に難くない。

式典の際に、フック現首相から「日本の教育会社が、ベトナム・ダナンに法人をつくったことに感謝しています。ぜひ、日本とベトナムが一緒になって、他のASEANの国にいい教育を輸出できるといいですね」とのお言葉をかけてくださった。本当に嬉しいひとときだった。

まずは、できることからスタート

ダナンでとてもありがたいスタートを切れたわけだが、当時、実際に決まっていたのは「ベトナムで教育事業をやる」ということだけ。ビジネスプランは走りながら考えることになった。教育事業を進めるにしても、まずはダナンの地で実績を積み、信頼されることが最優先事項であることは間違いない。国家にとって大事な教育を、来たばかりの日本人の手に委ねてもらえるほど甘くはない。

当社がすぐに着手できること。それは「日本から進出してくる企業の許認可を取得するなどの、いわゆる進出コンサルティング」だ。

企業の海外進出、それも社会主義国への進出のケースでは、大手企業はもちろん中堅、中小、そしてスタートアップ企業にも諸々と越えるべきハードルがある。国、地域から許認可を受けることは当然だが、地方政府に至っては、法律はあるがその運用の解釈が違う。労働に関する法律、税務関係など、その複雑さは多岐にわたる。

私はユンたち「チームベトナム」がいてくれたことで、そのハードルを越えられたが、それでも理解に苦しむ事項が出てくる。

また、進出する時は撤退のシナリオもしっかりと念頭に置く必要がある。さらに言うまでもなく、現地での人脈は不可欠だ。行政と近い人、ライセンスに詳しい弁護士など、しっかりと調べて信頼関係を構築することが不可欠だった。

ダナンと日本との橋渡し

しばらく海外進出コンサルティングを続けている中で、日本の企業から多くの問い合わせを受けるようになった。ダナンの良さを知ってもらい、多くの日本企業に進出してほしいと考え、日本に滞在している間も、熱心にダナンのPRに努めたものだ。

「ダナンってどこ？」と言われたこともあったが、多くの人の努力が実り、日本におけるダナンの認知度が徐々に上がっていった。

また、ダナン市には日本からの投資を促進する委員会があり、私はそこのジャパンデスクのアドバイザーになった。名実共に、ダナン市への投資を呼びかける役割を担ったのだ。

そして、ダナン市に貢献したということで表彰を受けた。設立後間もない企業が表彰されること、また2年連続で表彰されたことは異例のことだ。同時に表彰された企業の多くは大規模な事業者だったり、高額納税企業であったりした。

これは私個人ではなく、「SELFWING VIETNAM」という会社全体で表彰されたものであると思っている。


Ｓｅｌｆ Ｗｉｎｇの日本法人の経営もあり、ダナンと東京を毎月往復しながら、４年余り。今では多くのスタッフ、保育士など、愛すべき仲間がベトナムにたくさんいる。娘のようだったスタッフには子どもが生まれ、ベトナムに多くの〝孫〟が誕生している。

ベトナムの商習慣や生活習慣を理解していない私を、よく受け入れてくれたものだと思う。私は上司としてとても「厳しかった」らしく、彼女たちがつけた私のあだ名は、「台風」だったそうだ。台風は毎年ダナンを悩ませるので、それと掛けられたのだろう。

私が日本からダナン入りする前は、スタッフたちは「体力づくり」をするために、みんなで肉を食べに行くのだと聞いた。そんな内輪話も、だんだんと教えてくれるようになっていった。

（上）フック首相（右から２番目、当時副首相）も日本からの教育推進を激励
（下）パートナーのユンと

ダナンを「日本の学園都市」に

「ダナン学園都市コンソーシアム」の立ち上げ

日本や外国企業の進出コンサルティングをしながら、教育事業を模索しているなか、一つのプロジェクトに着手した。

ダナンは第3の都市であり政府直轄地だ。しかし、日本や海外からオーケストラが来たり、何かしらの文化的なイベントや大きな催しがあったとしても、首都ハノイ、ホーチミンの2大都市でそのほとんどが開催され、ダナンでは見るチャンスがほとんどなかった。

「ハノイとホーチミンに日本のオーケストラが来ている！　次はダナンかな？」と楽しみに待っていても、ほぼスルーされた。

そこで、「ダナンまで来ないのだったら、ダナンをみんなで盛り上げよう！」と決めた。

ダナンの夜は、河にかかる5つの橋や、街のイルミネーションで宝石のように美しい。そしてダナンのシンボルとなっている大理石でできた5つの山々は、神秘的な力を放っている。立派な観光都市だ。「そうだ！　ダナンを学園都市にしよう！」と決め、「ダナン学園都市コンソーシアム」を立ち上げた。

日本の最先端の教育が受けられる都市を目指して

ありがたいことに、多くの日本の企業の皆さんがコンソーシアムに参画してくれた。すでにベトナムに進出している会社、これから進出を考えている会社など、結果、30社近くになっていた。「ダナンでは、日本のさまざまな最先端の教育が受けられる」、そんな都市を目指した。

2017年の、APEC（アジア太平洋経済協力会議）がダナン市で開催された際に、ダナン学園都市コンソーシアムをアピールすることができた。

日本、アメリカ、中国をはじめ、各国の首脳が集い、多くの議論がなされた。この時に、「日本政府の人は大丈夫ですか？　ホテルの部屋を全く使っていません」と報告された。主催国であるベトナム人チームが、各国の担当になり首脳一行と行動を共にしていたことでわかったことだ。

日本人一行は、徹夜して会議室で寝ていたのだ。一行は、ダナンでＴＰＰ（環太平洋パートナーシップ協定）の調整で、イニシアティブを取っていたこともあり、多忙だった。ベトナム人スタッフからは徹夜続きの一行に対する心配の声と共に、「日本の政府関係者はとても丁寧で優しく、私たちにもとても親切です」と言われ、とても誇らしかった。

学園都市コンソーシアムを次のステップへ

今後、海外での日本の存在感をアピールしていくために私たちができることは何か？ダナンの学園都市計画を、次のステップに進めよう。

単なるコンソーシアム活動だけでなく、きちんと「教育産業」にしよう。――そう本気で考えるようになった。

望まれる「日本の教育」とは？

日本式教育のビジネスモデルを模索

だが、大きな問題があった。

ダナン学園都市コンソーシアムを通じて、多くの種類の教育にチャレンジした。長年の夢だった「早期起業家教育」も、ベトナムで実施できるかもしれないと思い、テキストの翻訳も急いだ。ダナンのフェスティバルでプログラムを実施し、歓迎された。ダナン市の教育訓練局トップも「日本の教育はベトナムの未来を変える」と称賛してくれ、ダナン大学の教授も「こんな教育がしたかった」と受け入れてくれた。ベトナム企業からも信頼してもらえた。

しかし、肝心のビジネスモデルが構築できなかった。

ベトナムで望まれる「日本式の教育」とは何なのだろう？　私企業としてすべきことは、ODAのような教育支援ではない。保護者が働いて得た大切なお金をお支払いいただくことだ。真剣に考えなくてはいけない。長い模索の始まりだった。

試行錯誤している時に、「日本の幼児教育はとても人気です」「日本の幼児教育をぜひ紹介してください」、そのような声がたくさん上がった。

当時は、ベトナム政府からの許認可（事業ライセンス）の問題もあり、日本資本の保育園でベトナム人の園児を預かることには一定の規制があった。

一方、日本での生活経験があるベトナム人が経営するベトナム人園児向けの「日本式保育園」は入園待ちが数百人のウェイティングリストがあるくらいに人気があった。

ベトナムで求められている「日本の乳児・幼児教育」

「早期起業家教育」の輸出と考えていたが、目の前で求められていたのは、「日本の保育・幼児教育」だった。

そうならば、今やるべきことは明確だ。しかし、それを本当に自分がこの異国でできるだろうか？

今度は、「ベトナムの保護者に求められている日本の教育とは？」という課題から、ベトナム人保護者に求められている「日本の乳児、幼児教育とは何か？」に課題が変わった。

ご存じのとおり、日本では保育園は厚生労働省が、幼稚園は文部科学省が管轄している。それぞれの省庁が明確な目的を定めており、保育士も幼稚園教諭も厳しい国家試験を受ける。ベトナムには保育園と幼稚園との明確な区別がなく、保育士は高等教育で保育を学び一定の経験を積んで、現場で保育士として活躍している。また、5歳以下の園児には一部を除き外国語を指導することを制限しているなど、まずは制度の学び直しは必須だった。

また一部では、モンテッソーリ教育などが根強く保護者の支持を集めている。多くのインターナショナルスクールも人気を集めていたが、ベトナム人の園児が入学できる割合が規定されているなど厳しい制限がつく。そのような中で、ベトナム人保護者が求める「日本式」の保育内容のヒアリングを繰り返した。

ホーチミン市の日本式保育園では、1カ月の園費が日本円で6万円から7万円ほどするという。いくらダブルインカムが原則といっても、一般的な給与水準を考えると、とてつもなく高額だ。そうまでしてベトナム人の保護者を引きつける「日本式」とはどのようなものなのだろう?

またまた猛勉強が始まったのである。私にとっての教育の輸出とは、今までどおり「プログラムやコンテンツ」の輸出であり、その指導方法の輸出を想定していた。なので、後にまさか自分たちが「幼稚園」そのものを運営することになるとは、その時は思ってもみなかったのである。

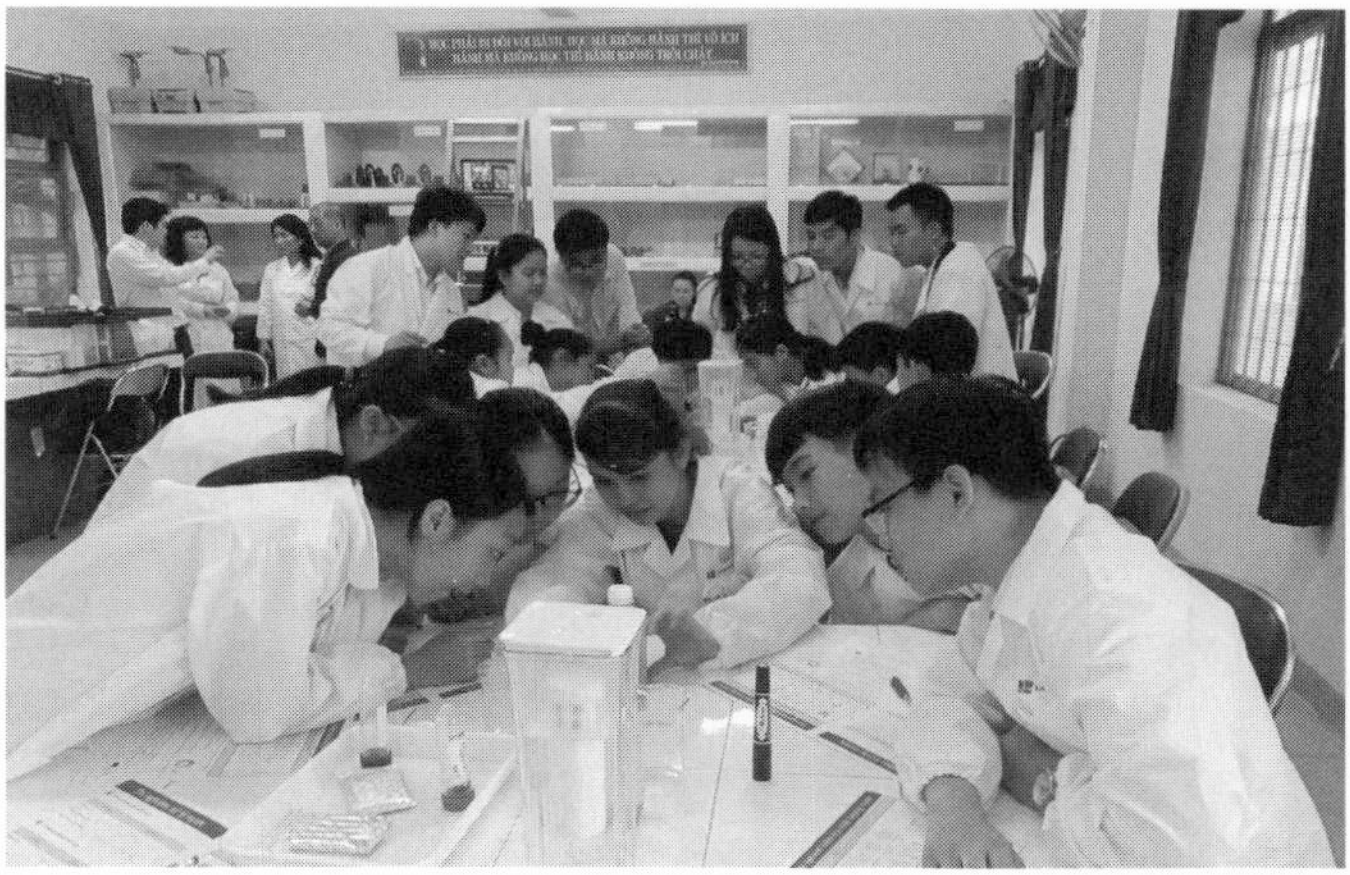

（上）日本の教育に興味津々の子供たち。小さな白衣を着て嬉しそう
（下）大切な食育。手を洗い、ご飯、野菜、お魚をバランスよく海苔で巻いた！

第4章

日本の教育輸出へ SELFEING V-KIDS幼稚園と V-Gardenの設立

「SELFWING V-KIDS幼稚園」へのチャレンジ

突然、ローカルの私立幼稚園を託される

2018年9月、出張中だったと記憶している。ユンのスマホが鳴った。興奮気味に話すユンを横目で見ていた。ひとしきり話すと、「平井さん、ダナンで幼稚園を運営しないかとオファーがありました」と言う。

ホーチミンで大人気の日本式幼稚園の立ち上げに関わり、自社でも地元の幼児園向けのコンサルティングメニューを開発し、その研修を実行している時期だった。しかし、「幼稚園のコンサルティング」ではなく、実際に目の前の1歳児やその保護者と直接向き合うことになった。

その幼稚園は、ベトナム人夫妻が地域の子どものために設立した、歴史のある幼稚園だった。ダナンの中心部から少し離れた庶民的な住宅街にあり、それまでも何回か訪問していたなじみの場所でもあった。娘さんが園長を引き継ぎ、90歳を超えたおばあちゃんが給食室の前の椅子に座り子どもたちを見守っていた。長年ファミリーで運営している、「ザ・ローカル」の幼稚園だ。私が訪問するたびに、保育士が搾ってくれた手作りジュースでもてなしてもらい、帰りにはココナツの皮で作った手作りの置物をお土産にいただいた。

幼稚園は5階建てのビルで、ベトナムの伝統的な造りになっていた。南国らしく裸足で歩くとひんやりと気持ちいいコンクリートの床だった。

そして、18カ月から就学前の400人を超える子どもたちが所狭しと遊んでいた。日本で400人規模と言うと驚かれるが、一つの幼稚園で200人や300人は当たり前で、多いところでは600人を超えていた。

2018年当時、ダナンで正式に登録されている保育・幼稚園は183カ所とのことだった。社会主義国であるベトナムにとって、教育は公立であることが基本だが、すでに日本をはじめ、外国資本やベトナム人資本家がいわゆる富裕層向けの私立幼稚園や、インターナショナルスクールを多く開校していた。穏やかな街であるダナンの教育業界にも、厳しい競争が生まれていたのだ。オーナー夫妻は、そのローカルの私立幼稚園を日本式の幼稚園に生まれ変わらせてもらいたい、と私たちに託されたのだ。

「日本の教育を海外で展開したい」と思ってきた私でも、50人を超える保育士、幼稚園スタッフと、400人以上の園児を引き受けるとなると、心の準備が必要だった。

園児の送り迎えは、基本的に保護者のバイクが多い。帰宅時には約400台のバイクが幼稚園の玄関を出入りする。「さようなら」のあいさつもなく、園児をひょいと抱えてバイクに乗せ帰っていく。あいさつをしたくても、次から次へとバイクの波が道路にあふれる。この生命力もまさしくベトナムだ。

これをどうやって「日本式」に変えられるのだろうか――。

しかし、ユンをはじめスタッフ全員の反応は早かった。「No」という選択肢はなかった。そんな彼女たちを見て、スタッフが本当にやりたかった仕事は「幼児教育」だったのだと改めて知った。

それならばと、これもご縁だと思い、「Yes」になった。今思うと、これがとてつもない「チャレンジ」の始まりだったのだ。

保護者説明会で上がった怒号

9月にその話があり、10月にはなんと保護者説明会を開催した。「日本式？」「同じ私立なのに学費が上がるの？」「誰、この日本人は？」というのが、保護者の正直な感想だっただろう。夫婦、もしくは家族全員で仕事をしている間に、安価で、なおかつ安全に子どもを預かってくれる幼稚園、それが保護者の望んでいたものだ。

特に「日本式」と言われるものに興味があったわけではなく、そもそもベトナムにおける「日本式保育」のきちんとした定義もなかった。400人以上の保護者や保育士、関係者が一堂に会した「保護者説明会」は、テレビで見たことのある「債権者集会」のようだった。多くの保護者を前に、

「今後は0歳からでも非認知能力という自立を促す教育が必要です。つきましては、教育方針を変えることになり学費も上がります」

このような趣旨で、諸々の特徴的な教育内容を懸命に説明した。その途端に怒号が上がったのだ。

ユンが一生懸命に通訳してくれた。オーナー夫妻も娘である園長も、子どもたちにはそれが最適であることを、心を込めて説得してくれた。

だが、場が収まることはなかった。この時ばかりは、ベトナム語が理解できないことに感謝した。保護者たちの顔を見れば、怒っていることも、歓迎されていないことも一目瞭然ではあったが。

「あなたたちに、親の気持ちがわかるのか!?」そんな怒りの言葉を残して、数十人、最終的には数百人が退園した。保護者からすれば、家族のように親しんだオーナー夫妻から、いきなり知らない日本人が現れ、興味のない難しい話をしたかと思えば、学費は数倍になる。残る理由はなかったのかもしれない。

想定内のこととはいえ、かなり落ち込んだ。

私立幼稚園を継続させるために

このような出来事があっても、ユンが率いる「チームベトナム」は強くて、長く落ち込んでいることはできなかった。

クリスマス、お正月休暇にかけて、幼稚園家屋の大改造が始まった。まず床をはがして板張りにした。トイレを最新式にし、教室を改造し、壁を壊し、壁を塗り、看板を掛け替えた。

5階建ての建物は、日々「日本式」らしく、安全を配慮したものに変わっていった。しかし、一棟を丸ごと建て直すわけではないので、建物の外観は変わらない。そこに対して、多くの保護者が納得しなかった。安全性を高めるために改築中の建物を見て、「どこが日本式なんだ、全く同じ建物じゃないか」と言い放った。他人のつくった事業を途中から引き継ぐことの大変さを思い知った。これなら最初から新しい幼稚園を準備したほうがどれほど楽だったろうかと思った。

次は、大切な保育士、スタッフとの面接が始まった。園児がどんなに減っても、保育士本人が希望するなら全員の雇用を維持すると、心に決めていた。保護者には理解してもらえなかったが、せめて保育士や園のスタッフとは少しでも心が通じ合えることを願っていた。

幼稚園を引き継ぐにあたり、日本人である私ができることを考えた。国の助成金も補助もない、この私立幼稚園を継続させなくてはいけないのだ。

園児の大量退園、建物の改築、保育士やスタッフの雇用の維持、本部スタッフの人件費、教育導入のための投資などで、お金はすぐに底をついた。始まったばかりの幼稚園には投資家もおらず、私とユンの蓄えだけですべてをまかなった。

日本からの素晴らしい応援団

それでも、私たちや「日本式教育」を信じて残ってくれた保護者、保育士、スタッフがいる。幼稚園を閉めるわけにはいかなかった。

だからこそ、日本で研究を進めた「早期起業家教育」を軸にした、「非認知能力」を園児用に実践しようと考えた。

しかし、肝心の保育士やスタッフからも、その理解を得ることはできなかった。私はここで、「早期起業家教育」をいったん封印した。

ベトナム人が良いと思う、ベトナム人が望む「日本式」を優先させよう。非認知能力の教育方法を、彼女たちの望むプログラムの中に落とし込もうと決めた。

そのために、日本の最高の保育の指導者に教えを仰ぐことにした。幼稚園が始まった経緯も、ベトナムの異文化についても何もかも理解した上で、日本から素晴らしい応援団が来ていただけることになった。

日本で長年保育や子育て支援を実践されている素晴らしい女性経営者、株式会社コマームの小松君恵社長（現会長）だ。社長自身も保育士であり、保育研究家だ。

君恵先生はあらゆる意味ですごかった。言語が不要なのだ。日本から持参された保育士のエプロンを着けて、現場に立つ。そして、日本の保育の在り方、園児の安全、自立やしつけの教育をすべて日本語で通されたが、不思議なことにベトナム人保育士はみんな理解していた。明らかに、これまでの保育方法とは違ったからだ。

君恵先生は、保育士、園児と一緒に給食を食べ、一緒に昼寝をした。ベトナムの保育園は朝が早い。7時前に保育士が一列に並んで、保護者と園児を迎える。保護者のバイクが流れ込むなか、保護者から園児を受け取り運ぶ様はまるでバケツリレーのようだ。

ベトナムの夏は、7時時点で気温がゆうに30度を超え、汗が大量に吹き出し目まいがするほど。君恵先生は、毎日保育士と朝の現場にも立ち会い、保護者と園児一人一人に朝のあいさつを始める。出勤を急ぎ、ヘルメットで顔も見えない保護者に大きな声で「安心して行ってらっしゃい！　気をつけて！」と日本語で大声をかける。園児にはしゃがんで「おはよう！」と声をかける。

保育士たちは、そんな君恵先生を慕って、先生をバイクの後ろに乗せてカラオケに行き、ダンスに誘い、夜な夜な連れ回したらしい。それでも翌朝一番にエプロン姿の先生が、灼熱の太陽の下で変わらないあいさつを繰り返していた。

日本における研修も実施した。繭の糸こども園の辻村あい社長、昭和女子大学の坂東眞理子先生、文京学院大学の島田昌和先生は、当社の保育士とスタッフに、日本の保育園や

ダナンにて日本式の保育方法を指導してくださる君恵先生
（前方のピンクのエプロン）

幼稚園の現場で学ぶ機会をくださった。

両大学の先生方は惜しげもなく園の中を案内し、日本の保育・幼稚園教育を指導してくださり、保育士やスタッフが本当に喜んでいた。「百聞は一見にしかず」だ。いつかすべての保育士とスタッフが、日本に研修に来られることが当面の夢の一つになった。

ベトナム人スタッフとの長くつらい平行線

日本の保育、教育について嬉々として学ぶ保育士やスタッフたちと、経営者として動く私は、長い間わかり合えなかった。

「平井さんはベトナムに日本の教育を持ってくると言ったのに、『お金の話ばかりする』」と、若いベトナム人スタッフに泣かれたこともある。この議論が、開園前から開園後も長く、長く続いた。

私は幼稚園担当の本部スタッフに、幼稚園の「事業計画」を作成、管理を指示し、「募集人数」の目標値をつくるように言う。儲けなど最初から期待しているわけではないが、収支が合わなければ市場から撤退するのが世の掟だからだ。

私が最初に投資したお金など、砂漠に水をまくがごとくなくなり幼稚園の赤字が続く。

どうしてもコスト構造に無理がある。私はダナンの家を売り、月の半分は日本に戻って日本の法人で売り上げを上げることでどうにかしのいだ。

そのうち、事業計画の数字やキャッシュフローを求めることを諦めた私に、ユンがいても立ってもいられず、多額の彼女個人のお金を幼稚園に入れていた。

こんなに長く、つらい平行線をたどったことはない。論語とそろばんの理論は通じない。言語以前の問題だ。

「子どもに良いことをするのが教育なのだから、赤字でも仕方がない」「お金の話はしたくない」「私たちの専攻は日本語なのだから、経済もビジネスも理解できない」

こんな風潮で社内は荒れた。この幼稚園はＯＤＡ（政府開発援助）で成り立っているわけではないのだと説く私のニックネームは、「台風」から「守銭奴」に変わった。「日本人はお金のことばかり」という印象になってしまい、他の日本人にも申し訳ない限りだ。あまりに情けなくて、出口も見つからず、ダナンの居酒屋に随分と売り上げの貢献をしたことも、今ではいい思い出だ。

行動の早さと創意工夫の素晴らしさ

だが、「出口のないトンネルはない」とはよく言ったものだ。当社のスタッフは、納得しないことだと「はい」と返事をしても絶対に動かない。だから私も、それ以上命令はしない。じっと待つことを学んだ。

しかし、納得した時の行動の早さと、創意工夫には素晴らしいものがある。親バカのようだが、その瞬発力には目を見張るものがあるし、尊敬もしている。

事業計画やプランを立て、議論し、課題とリスクを想定してから実行する。実績もしっかり管理する――PDCAなどと言っている一般的な日本人にとっては、まさしく異文

ベトナムの伝統の傘、ノンラーを持ってハイ・チーズ。創業メンバーが勢ぞろい

化だ。文字通り、まず始めて、後は走りながら考えている。締め切りには何とか間に合っている状況だが、完全な形でないことも多い。しかし、それは気にしない。後から直せばいいからだ。とても一生懸命に取り組む。そして明日は、必ず今日より良くなると信じて、明るさに満ちている。

日本と比べるところなど何もない。優劣ではなく、単に「違い」なのだ。イライラしても無駄であり、研修して形だけ整えても、いくらミーティングをしても、本質は変わらない。

今ならそれが腹に落ちる。「SELFWING V-KIDS幼稚園」は、まだまだ発展途上だ。しかし、何と言われても、どんな形に変わっても、スタッフ全員でこの教育の場を継続することが、今は全員の目標だと信じている。

ダナンに日本式家屋が誕生！日本式教育施設「SELFWING V-Garden」開業

スタッフが考え出した「日本式」プログラム

ベトナムで、そしてダナンで求められている「日本式」教育とは、どんなものだったのか。その答えは、随分と身近なものだった。

「自分で考え、自分で行動できる自立した子ども」。これは、まさしく「早期起業家教育」が目指す目標の一つだ。抽象的な言葉に聞こえるだろうが、「点数で測れない力、非認知能力」を大きくとらえている。

もう一つ求められたのは、「しつけができている子ども」だった。この二つをベースに、若いスタッフたちがいろいろなプログラムを考え出した。

①茶道や浴衣体験を通じて学ぶ礼儀正しさ
②栄養バランスを考えつつ、自分で作り自分で食べる「巻き寿司体験」での食育
③ミズノ株式会社が研究しつくした、体育プログラム
④絵本の読み聞かせや、絵画を通じての情操教育
⑤オーガニック農業体験を通じての、環境体験

意外なようだが、ベトナムの子どもの肥満や運動不足は大きな社会問題になっている。子どもの人数が多いベトナムでは、子どもの個性に合わせる個別保育はぜいたくなことで、多くの幼稚園では笛を吹いて整列させるなどの一斉保育が主流だ。

給食は炭水化物が中心で、量が十分ではないことも多い。また、園庭や校庭が狭く、ほとんどはコンクリートなので、自然に触れるチャンスが少ない。子どもが考える前に大人が答えを与えるスタイルで教育するために、自由に発想できるチャンスが少ない。余暇は保護者がスマートフォンで動画を見せていることが多く、子どもの想像力や創造力を幼いうちから発揮できるチャンスが少ない。順番に並ぶこと、ゴミはゴミ箱に捨てること、トイレの後は手を洗うことなど、日本では当たり前のことでも、ベトナムではすべてが当た

り前ではない。

これらの問題を解決する教育を、自分たちの「日本式」と定めた。

そう決めたことも、若いスタッフの発案だった。いくら幼稚園で教育、しつけ、食育をしても、家庭との連携がなければその効果は定着しない。また、戦争を経験しているベトナムの祖父母の世代には、「太っていること」は美徳だと思っている現実もあった。

「日本式」を体験するための日本式家屋の建築へ

スタッフが「ダナンの多くの子どもたち、保育園や幼稚園に行っていない子どもたちにも、『日本式』に触れる場所をつくりたい」と言い出した。

まだ自分たちの「SELFWING V-KIDS幼稚園」も始まったばかりで、資金も足りない状態なのに、だ。しかし、そこは走りながら考える「チームベトナム」だ。企画してから数カ月、長年のご縁をいただいている日本の建設会社、株式会社片桐建設の片桐正会長に、その想いをプレゼンテーションすることになった。

以前から、ベトナムに木造住宅の文化を広めたい、子どものための最高の教育環境を提供したいと願い、公私にわたり尽力されてきた創業者だ。スタッフたちが作成した資料を片手に、熱心に耳を傾けてくださっていた片桐会長の決断は早かった。

「よし、わかった。その建物を建てることを約束しよう。ただし、これは事業だ。ただやりたいではなく、その責任も考えないといけないよ。やりたいだけでは続かない」と、若いスタッフに対する会長の温かい励ましがそこにあった。

スタッフの「パパとママ、家族で過ごせる教育をテーマにしたカフェ」をコンセプトに、探した土地は、川辺の再開発の土地だった。まずは地盤調査からスタートし、川辺の湿地に日本式家屋が建築できるのかを日本の技術を使って調査を開始。

ダナンには厳しい雨季がある。その雨、嵐にも排水状況は大丈夫なのか？　何度もレンガやガラスの破片を除き、土壌の改善が行われた。激しい雨にまた水が溜まってしまい、数日行かないと生活ゴミが廃棄されていることが何度もあった。根気よくゴミを片付け、また砂や土を足し続けた。最後はスタッフが農家の方に頼み込んで芝生を敷いてもらい、どうにか水難を逃れることができた。荒地がきれいなグリーンになったことで、ゴミの廃棄も止まった。

土地を整えている間に、片桐会長が大きな設計図を持参し、スタッフたちとの打ち合わせを開始。若いスタッフを相手に、会長は真剣そのものだった。どんな設計が子どもたちに一番安全か？　自然を身近に感じることができるのか？　など、日本の木造建築の粋《すい》を極めた設計だった。カフェのためのキッチンはもちろん、靴を脱いで家に上がる日本式にしたいという要望に玄関のデザインを変更し、一面が大きな窓になる素晴らしい空間の設計が完成した。そして隣には、日本家屋のモデルハウスを建築することになった。和室の床の間、障子、襖などの伝統と、密閉した住居空間が常に換気され、温度が28度に保たれているという快適さに、いったい自分はどこにいるのか？　そんな錯覚をするような話だった。

土地を整備し、設計が出来上がり、次は会長が湿気とシロアリ対策に挑んだ。湿気対策に関してはすでに多くの検証をされていたが、特にダナンのシロアリは強敵だ。どこから入ってくるのかわからないが、鉄筋コンクリートの上層階のドアが食べられていたりする。日本から、とても強力な白アリシートが届いた。これで建築前に地面からのシロアリが入ってくるのを防ぐのだという。

日本の職人の心意気と仕事への厳しさや誇りは「生きた教育」

工事現場は圧巻だった。日本から、木材や建築機材が続々と届く。一番度肝を抜かれたのは、なんと大勢の「日本の大工さん」の到着だった。片桐会長はこの日から、日本の

「棟梁」になった。

ここからはまさしく「生きた日本の教育輸出」だった。ダナンに日本式家屋ができるというわさは建築前から広まり、建築、設計、デザインを勉強する多くの学生はもちろん、多くの専門家が棟梁のもとを訪れた。棟梁は自社のノウハウを、惜しみもなく教えていた。時には数時間も作業の手を止めて、指導していた姿は忘れられない。

作業はおりしも、40度を超える真夏に実施された。雨季が来る前に完成しなくてはならないからだ。食事も環境も違う灼熱の季節に、大工さんたちは強い直射日光のもと、ダナンの子どもたちのためにと、朝7時前にはすべての準備をして車で現場に向かう。そして暗くなるまで作業が続く急ピッチの現場だった。そこにはベトナム人の大工さんや建築関係者も参加した。

木造建築の材料の近くでタバコを吸う、吸い殻を捨てる、これだけでも日本の棟梁の我慢の限界を超えたが、大事な基礎工事の手順はバラバラ、致命的だったのは棟梁が一時現場を離れている間にあれほど注意を払っていたシロアリ対策シートの取りつけを間違えたまま、すでに基礎工事を完了してしまっていた。

一方、チームジャパンの大工さんたちは、どちらが顔の正面かわからないくらいに真っ黒になりながら、繊細な正確さで建築を進めている。何より驚いたのは、建設現場がとにかくきれいなのだ。工具はいつも決まった場所に整理され、木材の破片まで決して無駄にせず、現場には暗黙の動線があった。

ベトナム人の大工さんにしてみれば、今まで見たことも聞いたこともない建築方法だ。日本人の私ですら、驚いた現場だ。ベトナムの一般的な家屋は、レンガを積み上げコンクリートで固める、シロアリが入ってきたら殺す、以上だ。ベトナムは地震の心配もほとんどないし、頑丈な基礎工事も不要。日本人と仕事をするのももちろん初めてのところに、ミリ単位の正確さと、規律正しい作業を求められたのだ。現場に棟梁の怒号が飛んだことは、想像に難くない。

普段は温厚な会長も、いったん棟梁の顔になったら一分の隙も妥協もない。これが生きた教育であり、異文化理解だった。日本の職人の心意気と仕事への厳しさや誇りは、ダナンに突然現れた美しい2棟の木造日本建築が完成された後、実際に見て、触れて、初めて理解された。

「ALL JAPAN」から多国籍チームへ

主義、主張を超えて一つになれた場所

この「SELFWING V-Garden」のプロジェクトに、多くの賛同者が現れた。まさしく「ALL JAPAN」のチームから、ベトナムや韓国、その他の国の方々のサポートが加わり、多国籍チームとなった。

多くの人たちが「SELFWING V-Garden」のスポンサーになってくれた。国や立場は違っても、「多くの子どもに良い環境と体験を！」との思いは同じだった。

諸々の主義、主張を超えて、自国の「良い教育」を海を越えて持ち寄り、同じ理念を持つことで、一つになれた場所でもあった。

「SELFWING V-Garden」で繰り広げられた光景

「SELFWING V-Garden」は多くのスポンサーのおかげで、ダナンのあらゆる場所から、時にはそれ以外の地区の子どもたちが訪れる、思い切り遊べる場所となった。

この感動と素晴らしさを、どこまで文章で伝えられるだろうか？

子どもたちが足を拭き、自分の靴をそろえ、浴衣を着て、茶道や多くのプログラムを体験する。コンクリートのグラウンドだらけのダナンで、芝生を敷き詰めた場所で思い切り走っている姿を見ることができるのだ。

ベトナムの民話を表した樹々が植えられた庭には、季節ごとの花が咲く。椅子やテーブルは、古い町並みが世界遺産となっているホイアンの木工職人の手で作られ、キッチンでは若いベトナム人たちがオーガニックのドリンクを作り、飲んでいる。身体にいい生姜やレモングラスは、庭のオーガニック畑から朝に採ってきたものだ。

ここは喧噪とは無縁だ。心地いい温度と湿度で、木のぬくもりを裸足で感じながら、静かな音楽を聞いて庭を眺める。近代的に再開発された地域だが、なんと牛も10頭くらい団体で「SELFWING V-Garden」を訪れることがある。このコントラストが、ダナンの魅力の一つかもしれない。

「SELFWING V-Garden」はダナンで特別な場所となり、ハノイやホーチミンからも視察が続いた。

週末は文字通り「パパ・ママ」カフェと化し、祖父母も加わり、また活気にあふれる。子どもたちはスマホに触らず、思い切り遊ぶ。パパとママは、そんな姿を写真に収めながら、ゆっくりとお茶や会話を楽しむ。

時には隣接するモデルハウスを見学し、日本式家屋を建てたいとの問い合わせも入る。子どもたちは初めて見る和室に興味津々だ。新しい畳のいい香りをかぐだけで、穏やかな気持ちになる。

しかし、これがゴールではない。しつけや自立などの教育を提供してから、今後はどんな教育を紹介しようかと、ユンやスタッフの目はすでにさらなる次のステップを見つめている。

(上) やっと実現した幼稚園の開園式。日越韓の仲間が勢ぞろいでお祝い！
(下) 初めて触れる「日本式」保育士も毎日がチャレンジ

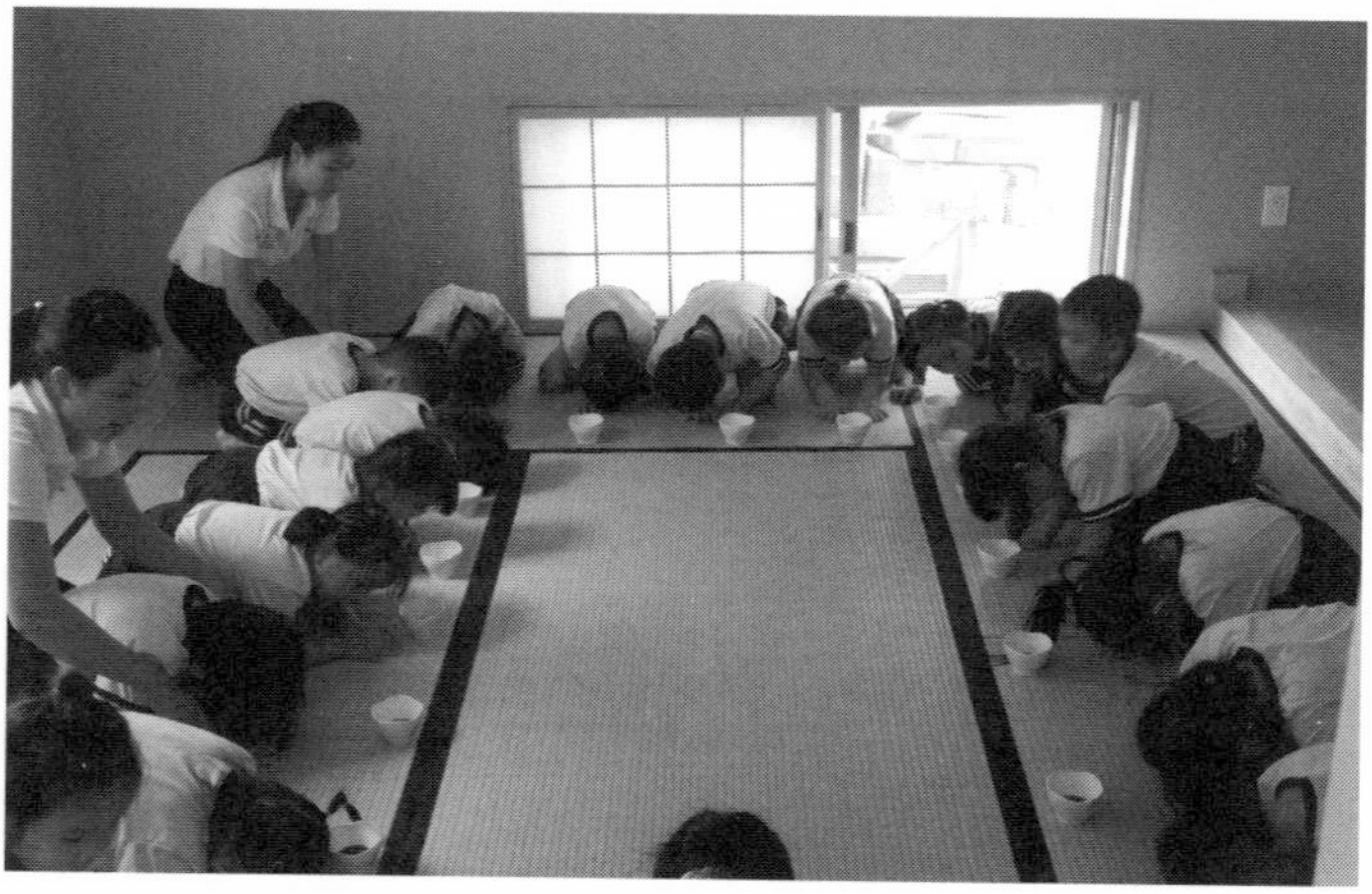

（上）ダナンの街に現れた「SELFWING V－Garden]
（下）茶道を通じて日本文化を学ぶベトナム人の子どもたち

第5章

日本の教育を輸出して見たい世界

教育が子どもたちにできること

「自分の翼」で羽ばたくために学び続けること

子どもたちが社会に出る頃、世界も日本も今以上に大きく変化していることだろう。その姿を、いろいろと想像してみる。仕事のやり方も、その方法も違っているだろう。当然ながら新しい仕事、職種も増え、日本にいても海外にいても、同僚、パートナーにはさまざまな国の人がいるだろう。ある意味、「国境」すら意味をなさないかもしれない。

そして、その日はすぐそこまで来ている。子どもだけではなく、若い人たち、働き盛りの保護者層、そして保護者の親世代である私たちも、今後の生き方、社会への関わり方を大きく問われるようになるだろう。

多くのものが変化したとしても、日本人として、また地球人として変わってはいけない大切なものがある。

それはすべての子ども、そして大人も持っている未来への可能性、「自分の翼」を大きく、そして強くするために学び続けることだ。

今後「早期起業家教育」で、多くの国に貢献したいと思う。教育には、どんな国でも、どんな状況でも、誇りを持って自立することを助ける力がある。

諦めず、新しいことにチャレンジし、失敗してもやり続ける力

世界には、仕事がない人、新たに仕事を失う人が増加の一途をたどっている。特に若年層の失業率は、長年深刻な状況だ。それが分断を生み、仕事がないことで日常生活すら荒れてしまい、貧困が連鎖する。

この本を書いている現在でも、多くの仕事の形が変化を余儀なくされている。今後も同様なことが起こり続けるだろう。そのような状況下でも、「諦めず、新しいことにチャレンジし、失敗してもやり続ける力」が、さらに必要だ。

「仕事がないならつくっていこう。仕事の在り方が変わるなら、創意工夫をして新しいことを考えてみよう。自分のため、家族のため、世間のために仕事をつくろう」

私が目指す教育には、そんな思いを込めている。世界中の子どもが「自分の得意なこと」を生かして、自分の仕事をつくり出せる世界。自分自身のため、家族ため、世間のために幸せな仕事を持てる世界。そして今の子どもたちの次の、そのまた次の世代にも、この地球が持続できるような仕事をつくり出す。教育には、それを可能にする力があると信じている。

日本の子どもたちが、日本人であることを誇りに思える世界

日本人のDNAを誇りにグローバルな人材に

「足りない時、困った時は、常に隣人と分け合い助け合うこと」

それは、常々日本の教育よって培われてきたことではないだろうか。さまざまな思惑もあったと思う。

海外の橋や道路、病院はもちろん、郊外の本当に小さなリハビリテーションの施設に至るまで、あらゆる場所に、日の丸が掲げられているのを見た時に、日本人として本当に胸が熱くなる想いがあり、それを成し遂げた先輩たちへの畏敬の念を持つ。

子どもたちが大きくなって、世界へ羽ばたく時に、権威の象徴ではなく愛情の印として、隣人を助けてきた日の丸をどこかで見る機会もあるだろう。ぜひ、そのＤＮＡを誇りに思

い、彼ら、彼女たちもグローバルな人材として活躍してほしいと願う。

日本のファンを増やしたい

また、私にはもう一つ感動したことがある。「SELFWING V-KIDS幼稚園」で初めての運動会が開かれた時のことだ。足元もおぼつかない幼児たちが、その両手にベトナムの旗と日の丸を持って入場してきた。すべてベトナム人スタッフと保育士の意向だった。保護者も嬉しそうに手を振る。

日本の教育を輸出することで、もう一つの願いが湧いた。世界中の子どもに、日本という国のファンになってもらうこと。日本という国のことをもっと知ってもらい、私たちも相手国のファンになり、お互いの理解を深める。

武力で国境を争い、海の上にまで「線」を引こうとしている大人たち。

日本には「和を以て貴しとなす」という美しい言葉があり、仕事の在り方には「論語」と「そろばん」「三方よし」などの指針がある。

理想論だと言えばそれまでだが、教育が世界から争いをなくす手段の一つになることを信じ、今の時代だからこそ改めて実証したい。日本が世界に貢献し、そして愛され、日本のファンが増えている将来を日本の子どもたちに残したいと思う。

それは日本に限ったことではない、いつか「ベトナム式教育」など、それぞれの国の教育をそれぞれが輸出入し合うことで、次の世界が見えてくると信じている。

お互いの国で、その国の人々と会い、その国の空気を吸って同じ食事を食べる。そしてお互いの教育を通じて、お互いの考えの違いを学び、その違いを認め発展させる。日本の子どもたち、ベトナムの子どもたち、そしてもっと多くの国の子どもたちとそんな世界をつくりたいと願っている。

教育を通じて世界に貢献できる新しい日本の姿

一緒につくり上げていく「日本式教育」

ベトナムで教育事業を準備、展開する中で、多くの日本企業がいかなる方法で教育を輸出し、また現地の人たちを育成しているか、その現状を知った。

単に日本が少子化であるから、日本の教育市場が縮小しているから、という経済的理由のみならず、根底に経営者、担当者の強い想いがあった。それらの想いに触れたことが、未知の国で何度も挫折しそうになった時に、大きな励みになった。

現在は多くの国で幼少期の子どもから、大学生や社会人まで広い層の人材が、日々新しい「日本の教育」に触れている。

大切なことは、その教育が「日本」をそのまま持ち込んだり、押しつけたりしないことだ。しっかりとその国の人たちの意見を聞き、時には教えを乞い、一緒につくり上げていく。これも「日本式」のやり方なのだと思う。

SelfWingを通じて、世界に貢献したいこと

教育は世界共通言語だ。その教育にすべての子どもたちがアクセスできるようになれば「SDGs（2030年までに持続可能な開発目標）」を実現することに貢献できるのではないだろうか。

私自身は、SelfWingという会社を通じて、当面は二つのことで貢献したいと考えている。

一つは、現在ベトナムで実施している幼児教育の分野で、多方面の専門家を巻き込んだ全人教育の場をさらにつくることだ。

二つ目は、その教育の先にある。

自然や他の動物たちとも共存することを可能にする仕事、地域間格差や諸々の課題を解決できる仕事、最先端の技術を使った医療、農林水産業、海をきれいにする技術の開発、

空をきれいにする技術……。芸術やスポーツ、職人の道に進むこともあるだろう。

どんな分野、仕事でもいい。自分の翼を見つけ、大きく羽ばたき、たくましく幸せに生きる力を身につける機会をつくっていきたい。

その豊かな感性や生きる力の種は、幼少期にまかれる。そしてどんな環境でも種から芽を出し、願ったことをやりきる力、失敗を恐れないマインドセットに、ＳｅｌｆＷｉｎｇも一役買えると願っている。

第6章

「いつでも」「どこでも」「誰でも」受けられる教育

教育サービスのオンライン化

新しい教育の可能性

私自身が日本での創業前に、オンライン教育の現場にいたこともあり、その可能性には20年以上も前から注目していた。オンラインは場所も時間も選ばず、そして何よりより多くの子どもたちに教育を届けることができる。

ベトナムでも2017年からオンライン教育の可能性を説いたが、規制の壁、市場の壁があった。

だが、その機会は思いもよらずやってきた。何の前触れもなく、ある日突然世界で状況が一変した。教育現場も例外ではない。

今回の新型コロナ禍に対するベトナム政府の対応は早かった。全土の教育機関が閉鎖になり、「SELFWING V-KIDS幼稚園」「SELFWING V-Garden」もそれに続いた。休業補償などあるわけもない。そして、ベトナム政府の対応は徹底していた。食事のデリバリーサービスも制限され、スタッフは全員出社することができず、リモートでの仕事になった。2020年1月、旧正月を前にダナンから帰国している私と各スタッフとの自宅がオンラインで結ばれた。

2019年12月に日本から専門家を招聘し、今後のデジタルマーケティングやオンラインを使った働き方についてスタッフに研修をしていたことが幸いした。

このような事態になるとは想像だにしなかったが、何かに突き動かされるようにオンラインへの移行の準備をしたのだ。それでもまだ、多くのスタッフはベトナムでのオンライン教育への参入はもう少し先だと思っていただろう。

登園できない子どもたちに「オンライン幼稚園」を開放

園児や「SELFWING V-Garden」に来ていた多くの子どもたちの、長い自宅待機が始まったのである。ベトナムに限らず、どこの国でもそうだろうが、新しいことを始める際に全員の足並みをそろえることは容易ではない。しかし、今回は選択の余地はない。スタッフも保育士も、まずはオンラインで子どもたちに教育を届けることに着手した。

「オンライン幼稚園」構想だ。ここに至っては、収益などは後回し。いずれにしてもすべてのビジネスがストップしているのだから、今できることは何かを皆で考えたのだ。

日本から頻繁に連絡を入れ、励まし、「SELFWING V-KIDS幼稚園」の園児はもちろん、登園できない多くの子どもたちすべてに「オンライン幼稚園」を開放した。

絵本の読み聞かせに、絵画、歌、ダンスに体操、園児たちの生活のリズムが狂わないように、多くの動画を届け続けた。そして多数の視聴回数があったことが、スタッフ、保育士たちの大きな自信と喜びに繋がった。

「ピンチはチャンス」とは、よく言ったものだ。四面楚歌の状態ではあったが、オンライン教育が現実化したという思わぬ副産物もあったのだ。

「いつでも」「誰でも」「どこでも」「安価に」受けられる教育

ベトナムへの渡航は叶わず、日本での「早期起業家」案件は行政等の判断で次々と中止に追い込まれた。

しかし、日本でも休校中の子どもたちのために、何かできることがあるはず——。そこで、3月以降、オンラインによる「早期起業家教育」の「Online V-KIDS」や新しい形の教育を模索する保護者向けに、オンラインセミナーを実施している。参加者を見ると、日本中から、そしてベトナム人の子どもの参加もあり、嬉しい驚きだった。そして、次の教育事業の展開として、最優先ですべきことが明確になった。

20年以上も前からやりたかったことに、また一歩近づくことができた。

オンラインを駆使した「いつでも」「誰でも」「どこでも」「安価に」、多くの子どもたちが教育を受けられる仕組みづくりだ。

「SELFWING V-KIDS幼稚園」と「SELFWING V-Garden」の横展開

「V-KIDSオンライン幼稚園」のフランチャイズ化構想の実現へ

今後の状況は予測もできないが、また以前のように当たり前に飛行機に乗り毎月ダナンに戻る。そんな日常に戻るとは思えない。移動はいつか再開されるだろうが、今までと同じことをしていては意味がない。今後、どのように事業を展開するのか。私がダナンに行かなくても、現地には信頼できるパートナーと、着々と力をつけているスタッフや保育士がいる。そして彼女たちは、「オンライン」というツールを手にした。

教育のすべてがオンラインで完結するわけではない。しかし、教育内容を、オンラインでできることと、リアルの場で対面でできることに分類し、「ハイブリッド」化は可能だ。私がどこにいるかは、すでに問題ではない。それが今後の事業の根本になった。

現在、富裕層以外の家庭や、他の幼稚園にも日本の教育を届けることができる環境が整いつつある。「V-KIDSオンライン幼稚園」のフランチャイズ化構想の実現だ。

ベトナムにおけるオンライン教育の市場は大きな伸びを見せている。

「SELFWING V-KIDS幼稚園」の教育も、自然を体験する「SELFWING V-Garden」での活動も、リアルの場で子どもたちが走り、体験し、自然の中で日本式家屋に触れながら成長する場だ。すべてが「オンライン」というわけにはいかない。

カリキュラムのオンライン化できる部分を切り分け、まずは保育士向けのトレーニングをオンライン化した。その指導方法を学んだ保育士が、ベトナム全土で子どもたちと触れ合いながら、日本の保育と教育を実施する、という方針を固めた。

すでに日本とベトナムを繋いで、保育士研修も開始している。あとは、丁寧にかつ迅速に実施するだけ。やるべきことは決まったのだ。

ベトナム以外の国へも、教育を「輸出」する

「Ed Tech（エドテック）」はすでに画期的な進歩を遂げ、日々刷新されている。そして多くの国ではオンライン教育は当たり前であり、その国々から見れば、「今頃オンラインに着手しているのか」と思われるかもしれない。

しかし、オンライン教育なら、より多くの国、地域の子どもたちも日本の教育を受けるチャンスがある。

今回自分たちの行動が厳しく制限されたことで、自分たちが移動できないなら教育プログラムをオンラインで実施することの可能性と必然性を、ダナンのスタッフや保育士たちが理解してくれた。それはサービスの場が日本やベトナム国内にとどまる必要はないということだ。そしてそのチャンスを現実として議論できるようになった。

そうなれば、自分たちの会社の存在価値は何か？

幸い素晴らしい「Ed Tech」の会社は多数ある。私たちはそれに徹底して「良い教育プログラム」を開発、実践、検証、提供し、「良い指導者」を育成することだ。

現状、日本の教育会社がベトナムに進出をしようとすれば、社会主義のベトナムで法人を登記し、教員、保育士、スタッフを雇用し、研修する必要がある。

そして幼稚園、学校の建設などに多額の「インフラ投資」も必要だ。資本があればあったなりに、ベンチャーならベンチャーなりに、そこには高い壁があるのだ。しかし、オンライン教育であれば、私たちがそのような会社のGatewayになることも可能だ。

それぞれの会社が、独自で複雑なライセンスの取得やインフラ投資をしなくても、まずはベトナムでの教育事業にチャレンジしてみることができる。

高かった参入へのハードルが、オンラインを駆使することで少しでも低いものになれば、より多くの素晴らしい教育が海を越えてやってくることだろう。

2021年に向け、新しい教育プログラムの開発、他社との提携、プログラムを各国に合わせてのカスタマイズ、多言語化、やることは山ほどあり、それは日本の教育がベトナムという中継地から、さらに広まっていくことを意味している。

日本に世界の教育を「輸入」する

世界の国々が誇る教育を学び、お互いを理解する

多くの国や地域と教育で繋がった後に、何を目指すのか？　気の早い話だが、そんなことも頭をよぎる。オンラインになったことで、情報も教育もより簡単にタイムリーに、そして安価にアクセスできるようになった。まさしく「いつでも」「どこでも」「誰でも」「安価に」という状況に近づきつつある。

世界には、学びたい教育があふれている。

そして、その多様性はますます広がる。

世の中が変わっても、不変な教育もある。そして日々アップデートが必要な教育もある。

日本の教育を輸出することにより、その国でプログラムが磨かれ、変化し、ますます良いプログラムとしてその国に受け入れられ、定着していく。

その時には、日本の教育がさらに洗練されたものとして、グローバル化、多様化されたものとして、日本に「逆輸入」をしたらどうだろう？

何より、貿易にはバランスが必要だ。日本が誇る教育を輸出したら、世界の国々が誇る教育を学び日本へ「輸入」したいと思う。

今まで訪問した国々や、20年にわたり各地を訪問し学んだのは、世界にも、日本国内にも素晴らしい教育方法や指導者がいて、情熱を持って推進しようとしている人たちがいるということだ。主義主張を超え、良い教育を輸出入できたら、グローバルでダイナミックな教育プログラムがつくられるだろう。長い年月をかけ、随分と回り道をしたが、今、やっとそのスタートラインに立てた。

第7章

ALL JAPANで「最高の教育」を世界へ

「自分一人で」「自分の会社だけで」という時代から、同じビジョンを持つ人たちと「力を合わせて」という流れに大きく舵が切られたと思う。文字通り「ALL JAPAN」を目指せるようになってきたのだ。「日本の教育」と言っても多岐にわたる。対象年齢や学習成果も多岐にわたる。しかし、教育を通じて、日本のファンになってもらいたい、そして同時に相手国の教育や文化も学びたいという想いを同じくする方々とご縁を得ることができた。

今回すべての事例をご紹介できないことは残念だが、「教育」を両手に海を渡った皆さんをご紹介できる機会を得たことを誇りに思い、感謝している。

広くＡＳＥＡＮで人材育成を実施し、多くの仕事の場を提供している株式会社ウィザス。ニュージーランドで高校として実績を出し、多数の生徒に奨学金を付与している株式会社ＡＩＣエデュケーション。日本の建築技術を通じて、モノづくりへの真摯な姿勢を教育する株式会社片桐建設。幼児・児童向けにキャラクターやメディアを通じて日本文化の普及・教育にチャレンジするＧＯ ＧＯエンターテインメント有限会社。質の高い給食を通じて、食の大切と健康の大切さを伝える株式会社ＣＴＭサプライ。エンジニアのスキルアップやキャリア支援を通じて若者に夢を与える有限会社パソナテックベトナム。中東の若者や女性の雇用を生み出すことに奔走している株式会社パデコ。パンの技術に加え、公助の精神を教育する株式会社パン・アキモト。ベトナムに始まりアフリカなど、人材育成からスタートアップ企業の育成まで幅広く支援を続ける株式会社ブレインワークス。体育教育を通じてベトナムの子どもたちの成長を願うミズノ株式会社（以上50音順）。企業の方針や方法や違っても、最終的に目指すビジョンやミッションを共有している。

また、官の立場から、日本の国内外でテクノロジーによる次世代の教育改革を推進している経済産業省 商務・サービスグループの浅野大介氏など、まさしくセクターを超えて多くの取り組みが海を渡っている。

この他にも、文部科学省は多くの省庁、機関と連携し、日本型教育の海外展開推進事業を実施しており、多くの機関、企業が世界中で貢献していることも忘れてはならない。

これらが、5年後、10年後、そして20年後と続いた先はどのような世界になっているだろう。考えるだけでもワクワクする。モノや情報に加えて、「教育」も多くの垣根を越えていく。さらなるテクノロジーの発展で「いつでも」「誰でも」「どこでも」「安価に」望む教育にアクセスし、新しい仕事を生み出せる世界。そんな世界をALL JAPANで目指したいと思う。

ALL JAPAN 1

ASEAN諸国へ新たな教育プラットフォームを！

日本の優れた教育ノウハウで、世界で活躍する人材を育てる

株式会社ウィザス
代表取締役社長

生駒富男

■株式会社ウィザス

設立：1976年7月
本社：大阪府大阪市中央区備後町3-6-2 KFセンタービル4階
資本金：12億9,937万5,000円
総合教育サービス企業として、学習塾事業、高校キャリア支援事業、ICT教育・能力開発などの教育サービスを提供。アジアでの日本語教育･人材育成事業にも力を入れており、日本および現地で活躍できる人づくりに取り組んでいる。

学習塾からスタートし、多角的に教育事業を展開

株式会社ウィザス（以下、ウィザス）は、２０２１年で創立45年を迎える。総合教育サービス企業として、一貫して「教育」を基軸とした事業を展開している。事業の大きな柱としては「学習塾」と「高校・キャリア支援」があり、前者は幼児から高校生までを対象とした学習指導と受験指導、後者では広域通信制の高等学校や日本語学校等の運営を行っている。２００５年には、日本初となる「株式会社としての通信制高校の認可」を国から受けた。この他にも、おもに企業を対象にした「eラーニング（情報技術を使った学習）」や、「能力開発教育」「速読英語」などにも取り組んでおり、日本語や英語を理解しながら早く読む、見るなどの能力を開発する独自の教育コンテンツも制作している。

国内の多様な分野で教育事業を展開しているウィザスだが、その経験とノウハウを生かし、海外での日本語教育と英語教育、そして日本語教師を養成する人材の育成にも力を入れている。代表取締役社長である生駒富男氏は、ＡＳＥＡＮ諸国を主軸として事業を広げている、と話す。

「例えばフィリピンでは、『PJLink Language Center』という語学学校を経営し、現地の方々

に日本語を教えるだけでなく、フィリピンに滞在されている日本人への英語指導も行っています。またミャンマーでは現地の大学と提携し、大学に日本人教師を派遣して、学生を対象に日本語を教える授業を持つようになりました」

グローバル化を見据え、フィリピンやミャンマーなどの海外へ進出

ウィザスが教育事業を海外へ広げた背景には、情報技術の進化や社会情勢の変化がある。世界的にグローバル化が進むなか、仕事、学業、観光など、さまざまな目的で国境を越えて人が行き来する時代になった。ＩＣＴ活用が加速し、学び方・教え方も多様な形態が登場している。こうした社会的、技術的状況に加え、ある出会いが海外進出を後押しした、と生駒氏は振り返る。

「ＳｅｌｆＷｉｎｇの平井社長との出会いも、海外進出の大きなきっかけとなりました。以前、日本政府主催のセミナーに参加し、そこで講師として平井社長が『起業家教育』の話をされていました。当時、私たちも新たな起業家教育の取り組みを検討していたこともあり、平井社長の講義内容を参考にしたいと思い、セミナー後に改めて話す機会をいただきました」

こうした出会いもきっかけとなり、ウィザスも海外へと教育事業を広げていった。現在はフィ

リピンとミャンマーで、日本語学校の経営や日本語教育を実践している。

フィリピンでの事業の柱は二つあり、一つはフィリピン人に日本語やビジネスマナーなどを指導して日本へ送り出す人材紹介。もう一つは、現地の日系企業で働くフィリピン人に日本語を教える事業だ。

ウィザスは、学習塾や通信制高校の運営で培った指導ノウハウを生かし、日本や日系企業で活躍できる人材の育成に取り組んでいると、生駒氏は現地の様子を説明する。

「日本語教育の事業では、フィリピンで活動する企業に講師を派遣し、15人程度のクラスを編成し、フィリピン人社員に会話と文法を指導しています。講師には日本人の他にも、日本語教育の経験者や、語学に関する一定レベルの資格を持つフィリピン人を採用しています」

ASEANの国々で、日本語を学ぶ人はどんな目的を持っているのだろうか。生駒氏によると、フィリピンやミャンマー、インドネシアなどでは日本語や日本に興味を持っている人が多く、日本や現地の日系企業に就職を希望する人も少なくないのだという。

「大学生になると、いい仕事に就くために日本語を勉強するという人も多くいます。日本国内で企業に就職できれば一番いいのですが、現地の日系企業で働きたいという希望も多いですね。一方で、日本は少子高齢化で働き手の減少が大きな社会問題になっていますから、私たちの教育サービスによって、両者のニーズや課題に対応できればと考えています」

ウィザスでは、フィリピンと同じような事業を、カンボジアやインドネシアでも始める準備を進めている。しかし、海外での日本語学校の経営は、100％楽観的ではいられないようだ。生駒氏によれば、第一希望としては英語圏を選ぶ傾向があるという。英語は世界共通語であるため、ASEAN諸国では学校で学ぶ第一外国語か第二外国語は英語になっている。英語をマスターした上で、次は日本など行きたい国の言語を学ぶというパターンが多い。

日本語の需要は高まっているものの、もう一段階多い、日本語を学びたいという学生の確保が今後の課題だと生駒氏は語る。

現地の語学学生の能力底上げが課題

海外在住の人たちに日本語を教える上で、大変なことは何か。生駒氏は「フィリピンもミャンマーも、現地の人はとても真面目で、目的意識を持って取り組んでいる」と前置きをした上で、文化や慣習の違いからくる難しさを挙げる。

「ここは人どうこうではなく、お国柄の違いが大きく挙げられるでしょう。教える先生は、日本と現地の生活の違いをまず知る必要があります。日本の常識的な指導方法をそのまま進めることには無理がありますから、そこから学んでいただくのは大変だと思います。

また、漢字圏以外の国は漢字習得という壁も大きく存在しています」

現地の生徒はおおらかでいいのだが、人によってはアバウトな面もあったりする、と生駒氏は苦笑する。それぞれの生徒の良いところは尊重しつつ、いかに語学力を引き上げるか。社長の話からは、文化や慣習の違う国で人を育てることが、そう簡単ではない状況が伝わってくる。

「それぞれの取り組む姿勢によって、生徒の間で理解度に差が出てきます。そこに関しては、国は関係ないかもしれませんが。ミャンマーだと、女性のほうが真面目な印象がありますね。この日本語クラスには日本企業への就職を望んでいる生徒も多いです」

日本企業は求職者に対して、一定水準の日本語やビジネスマナーを求めるので、その水準までいかない人は、なかなか就職が難しい面がある、と生駒氏。語学の勉強だけでなく、ビジネススキル、マナースキルの向上等の人材育成にも力を入れる。

緊急時に、語学学校はどう対応すべきか

さらに2020年は、ウィザスにとって大きな壁が立ちはだかった。新型コロナウイルスの問題が、ウィザスが手掛ける海外での教育事業にも大きく影響したのだ。一番影響を受けたのはフィリピンの事業だという（2020年6月現在）。

「現地では、英語を学んでいる日本人が約200人、日本語を学んでいるフィリピン人が150人ほどに伸びていました。しかし、新型コロナウイルスのために、ほとんどの生徒が受講できなくなってしまいました。オンライン指導のコースを拡大し対応していますが、今回のような緊急時には、趣味程度で語学を学んでいる人に関しては、よほどの目的意識が高くないと勉強をやめてしまいます」

特にフィリピンに英会話を学びに来た日本人は、安全のためにほとんどが日本に帰ってしまったという。一方、フィリピン人を対象にした日本語教室も、その生徒の多くは日本での就職を目的にしているため、日本に行くことができない状況の中では、学習意欲も大きく下がってしまう。ただ、現在もオンラインで受講する生徒たちは、コロナ後を見据えて日本語の学習を継続してい

る、と生駒氏は厳しい状況を説明する。

新型コロナウイルスの影響で、現地の日本語学校の生徒たちは、来日できない場合も想定される。日本での就職を希望している生徒について、どう対応するのか。生駒氏は、学生を受け入れる企業の開拓に力を入れたいと話す。

「ミャンマーには、来年日本での就職を希望している生徒が40数名います。日本での就職先となるクライアント、企業とのマッチングが必要になってきます。それがうまくできれば、その人たちは日本に来ることができます。しかし、仮に日本の企業が20人しか採用しないとなれば、他の受け入れ先を探す必要が出てきます。それでも就職先がなければ、現地で就職ということになりますから、そのあたりのマッチングの部分をしっかりできるように準備をしないといけません」

また、新型コロナウイルスの影響は海外だけでなく、日本国内の事業にも出てきている。現在、国内4カ所にある日本語学校も、新しい入学については、ほぼ止まった状態だという。

「4つの日本語学校のうち、1つはASEANの人たちが対象で、他の3つはおもに欧米人を対象とした日本語学校です。ヨーロッパの方々の日本語の学び方には特徴があり、日本に興味がある人の多くが『日本のアニメに憧れて』と言っています。ヨーロッパでは1カ月間のバカンスがあるので、その時に日本を訪れ、滞在中に短期コースで日本語を勉強しながら観光もするのです。日本での就職が目的ではないので、この状況で日本に訪れる欧米人はいませんから、欧米人向けの日本語学校は厳しい状態になっています」

一方では、通常通り授業を続けているケースもある。ウィザスが提携しているミャンマーのヤンゴン・コンピューター科学大学では、日本人教師がオンラインで授業を行っている。

生駒氏によると、同大学ではITインフラが整っていることが、オンライン授業をスムーズに行える理由だという。このあたりに、緊急時にも強い教育システムを構築するためのヒントがありそうだ。

通信制教育を輸出して、教育格差の改善を目指す

ウィザスが海外で人を育てる事業を始めてから、すでに4年がたつ。これまで現地で受け入れられ、成果を上げてきた要因は何なのだろうか。生駒氏は、何よりも人との出会いに恵まれたからだと振り返る。

「私自身、フィリピンでの会社立ち上げに携わったのですが、やはり現地で素晴らしい方々との

出会いがありました。会社がスタートしてからも、互いに信頼関係を築いてきたことで、今まで事業を続けてこられたのだと思います」

「日本の教育を海外で生かし、人材を育てたい」という熱い想いで事業を展開している生駒氏。この仕事をしていてうれしかったことは何かとお聞きすると、笑顔と共にこんな答えが返ってきた。

「日本の現場教育は優れています。だからこそ、日本の教育を輸出したい。私たちがつくってきた民間の教育の部分を海外でも展開したいと、文部科学省が方針を打ち出す前から考えていました。そのためには、まず日本語の教育が必要になります。現地の人たちが日本の教育を受けるためには、日本語の理解が不可欠です。

私たちのスクールで、海外の人たちが熱心に日本語を勉強している姿を見ると、とてもうれしいですね。そんな時、この仕事のやりがいを感じます」

今後は日本語だけではなく、英語でも日本の教育を展開していきたいと、将来の展望を語る生駒氏。また東南アジアの国に、通信制高校のシステムを導入することも目指しているという。

「東南アジアの国々は島が多く、フィリピンは7000以上の島から、インドネシアは1万

3000以上の島からなっています。

こうした国には、日本の通信制高校のようなシステムがありません。このため、中心部と地方や島で暮らす子どもたちとの教育格差がかなり大きいと考えられます。そういった教育格差をなくす上でも、日本の通信制高校のシステムは非常に有効だと考えています」

新たなプラットフォームで、多種多様な人々に教育のチャンスを提供

日本での設立当初、ウィザスは学習塾など直接的に対面で生徒を指導する教育からスタートした。そして15年前に、広域通信制高校である第一学院高等学校を開校。それまでは対面が当たり前だった授業が、独自の多様な教育の形につくられてきている。さらに今回の新型コロナウイルスの影響で、オンライン教育への追い風が吹いている。こうした情勢を見据え、ウィザスでは日本で新たな取り組みを始めている。

「アメリカなどではすでに導入されていますが、今の時代を考えていくと、ITを使った通信型のオンライン教育は必ず一つの教育システムとして、成長に繋がっていくだろうと考えています。私たちは現在、新潟産業大学と提携して、新しいタイプのオンライン教育の展開も検討中です」

新たな試みにより、今まで教育の対象だった子どもたちに加え、社会人、そして海外の子どもたちの教育、留学に関しても、オンラインを使った形で教育の幅を広げることができる。学びたい人のニーズに合わせて教育の機会を提供することが、通信制大学の検討を始めた理由だ、と生駒氏は語る。

今後も教育に携わってきた企業として、また学習塾や通信制高校の運営で培ったノウハウを生かして、日本の教育手法を世界に広げていくことを目指し、日本、そして世界で活躍できる人材の育成に取り組んでいきたい。そう話す生駒氏からは、人を育てる仕事に携わる人の熱意と優しさが伝わってきた。日本の教育を通して、日本の、そして海外の人材を育てるウィザスの挑戦は、さらに続く。

（上）日本語および人材教育の授業の様子
（右下）フィリピンの日本語学校の生徒たち
（左下）ミャンマーでの日本語教育と就労支援プロジェクト

ALL JAPAN 2

世界が認めるニュージーランドの名門校を運営

日本式教育ノウハウを海外で展開

株式会社 AIC エデュケーション
代表取締役社長

桑原克己

■株式会社 AIC エデュケーション

設立：1973 年
本社：広島県広島市中区中町 1-1
資本金：3 億 5,700 万円
学習塾、幼児から大人までのスポーツ、英語、パソコンなどさまざまな教室の運営を手掛ける。中学・高校を日本に、高校をニュージーランドに開校。日本式教育のノウハウを持ち込み、現地教師と共に学校運営の仕組みを構築し、ニュージーランドの高校ランキング 1 位を獲得。世界の名門校の仲間入りを果たす。

学習塾、幼児からシニアまでの各種教室を各地に展開

株式会社ＡＩＣエデュケーション（以下、ＡＩＣエデュケーション）は、幼児から大人・シニアまでの塾や教室経営を幅広く手掛け、近年では国内外のインターナショナルスクール運営にも成功している総合教育商社だ。１９７３年に広島で「鷗州塾」を創業。その後、幼児から高校生までの学習塾の他、子ども向けにスポーツ教室、英語教室、習字教室、ロボット教室、一般向けにはフィットネス教室、パソコン教室などさまざまな種類の教室を展開する。なかでも英語教室は各地に広がりを見せ、真の英語力を身につけるためのカリキュラムにより実績を上げている。また英語レッスンのある学童保育の開設、英検合格を目指す教室の運営など、子どもたちの年齢と目的に合わせた内容を教室ごとに展開している。

今回は、ニュージーランドで運営している「Auckland International College（以下、ＡＩＣ）」の話を中心に、日本から教育プログラムを海外に展開していくことになったきっかけ、さらには名門校と言われるまでになった経緯など、代表取締役社長の桑原克己氏に話を聞いた。

日本式教育ノウハウの海外展開と、「IB（国際バカロレア）」との出合い

鷗州塾で高校生に数学と物理を教えていた桑原氏は、「東大や京大に合格する生徒が少しずつ増えていく中で、日本の大学だけではなく、海外の素晴らしい大学に通うための教育システムを生徒たちに提供したらどうだろうか」との思いが出発点だったと、海外進出のきっかけを振り返る。日本の子どもたちが海外の名門大学に進学するためには、鷗州塾や各種教室で培った日本式教育ノウハウを海外に輸出し、現地で設立する高校に子どもたちを行かせることが良策なのではないかと考えたという。

海外での高校設立に向け、候補地がいくつかある中で、ニュージーランドに白羽の矢が立つ。ニュージーランドは、第一に安全であること、英語圏であること、そして物価が安いという3つの理由が大きな決め手となり選ばれた。「教育」と一口に言っても、生徒たちに何をどのように学ばせるか、どのような人材を育てるかなど「教育理念」が大切だ。その部分を考えている時に、桑原氏は「ＩＢ（国際バカロレア）」と出合う。このことがのちのインターナショナルスクール運営において、生徒の名門大学進学の後押しをすることになった。

「ＩＢ」とは、「International Baccalaureate」の略で、日本では「国際バカロレア」と呼ばれる。スイスのジュネーブで非営利団体として発足した国際バカロレア機構が提供する、3～19歳の児童・生徒を対象とした国際的な教育プログラムである（以降「ＩＢプログラム」）。世界の主要大学への入学準備に役立つだけではなく、思いやり、分析的思考力、表現力、責任感を育て、生涯を通じて学習に励み挑戦し、グローバルな視野を持ち、良き社会の一員となるためのカリキュラムを備えており、世界１５０カ国以上、５０００校以上で年齢に応じたＩＢプログラムが導入されている。

開校準備をしていた２０００年当時、ＩＢプログラムは日本での認知度は低いものの、海外では導入実績が多数あったこともあり、カリキュラムとして組み入れることを検討し始めた。生徒にとって本当に必要なものなのか、高校に導入するかどうかを検討するために、桑原氏自らがオーストラリアのシドニーで開かれたＩＢプログラムのワークショップに参加することを決めた。その結果、日本の子どもたちを海外の名門大学へ入学させるという目的のためにＩＢプログラムは適していると判断し、導入を決定したという。

２００３年にＡＩＣが開校。開校当初は、ＩＢプログラムが履修できる高校の他にも語学学校を設けるなど、複数の教育プログラムを用意することにしたが、次第にＩＢプログラムを希望する生徒が増えた。現在はニュージーランドでは唯一の、すべての生徒がＩＢプログラムを学ぶ高校となっている。桑原氏、ひいてはＡＩＣエデュケーションの決定は、生徒たちのために正しかったのだ。

生徒へのこまやかなフォローと、生徒の自己責任の意識を育てる

塾、教室、そして学校という教育現場においては、学校としての理念、教師同士での理念に対する共通認識、教育方針など、さまざまな教育観の擦り合わせが必要となってくる。教育に対する考え方にばらつきがあれば、生徒が混乱してしまうだろう。

ＡＩＣの教育方針は、「生徒たちに、各自の関心を徹底的に追求できる学びの環境を与え、生徒の自主性を最大限に尊重する」となっており、生徒一人一人に対してこまやかなケアをしていくことを決めていたという。

しかし、どんなことも最初からスムーズにはいかない。しかも学校は生徒や教師という「人間」がいてこそ成り立ち、成長するもの。桑原氏は、開校当初のことをこう振り返る。

「日本と外国の教師の習慣や発想は、あまりにも違いました。現地の先生からは『こちらに任せてください』と言われるのですが、全面的には任せてはおけない出来事が何度も起こったのです」

授業のカリキュラムの作り方、生徒へのフォローの仕方、受験リサーチ方法など、当然ながら日本とは違う部分が多々あり、互いに理解し合うまで時間がかかったという。

桑原氏が忘れられない出来事の一つに、受験生の大学出願時のことがあるという。日本の教師の発想からすると、願書の記入、発送、入試の準備、試験本番はどうだったか、さらには結果発表後のフォローまでして当然という流れがある。実際にそうしてきたはずだ。しかし、現地では受験生の大学出願に関して、細かいフォローは教師の仕事の中には入っていない。1期生の大学受験の際、大学出願の締め切りに間に合わずに生徒が受験できなかった事態が発生した。だが現地の教師からすれば「生徒の自己責任」で終わってしまうのだ。

この考え方のギャップに桑原氏は驚きつつも、日本式の教育の考え方と、現地教師の考え方の双方を理解した上で、「どちらの教育にもいいところがある」と、互いに認め合っていけたと振り返る。現地教師とのさまざまな認識のずれを一つ一つ解決しながら折り合いをつけ、納得してもらったという。現場での努力に加え、日本式教育の良い面も取り入れることにより、生徒の成績や進学先など目に見える成果が出たことで、少しずつ現地教師たちに理解され、受け入れられるようになったと桑原氏は語る。

「結果的に、AICは、学校で組織的に生徒のフォローをする部分と、生徒の自己責任という部分が、うまくバランスが取れている学校になったのではないか」と、桑原氏は自らの学校運営を分析、評価する。「日本的なきめこまやかな教育のやり方を受け入れてもらい、バランスよく折り合いをつけるのに、おそらく4〜5年はかかった」とも明かす。

生まれも育ちも違う異文化圏で日本式教育が理解される難しさは、実際に経験した者でなければわからないし、予想外のことがあまりにも多いのが現実のようだ。単に時間を共有するだけでは、相互理解は得られないであろう。

精神論だけでなく、お互いの努力と受容力、そして学業での「結果」を出し続け、オックスフォード大学やケンブリッジ大学などをはじめとする世界の名門大学への進学実績を着実に積み上げ、世界中から生徒が集まる名門高校への道をたどったことが、現地教師たちに受け入れられる大きな要因となったのではないだろうか。

世界中から生徒が集まる、ニュージーランド名門校へ

2017年に、AICの当時の校長がエリザベス女王から「ニュージーランドの教育に多大なる貢献をした」ことによる勲章を受けるという栄誉に浴した。これは、日本式教育をニュージーランドに持ち込み、生徒をニュージーランドから世界の名門大学に数多く進学させた実績が高く公に評価されたことに他ならない。

さらに2020年には、ニュージーランドの高校ランキングで1位を獲得。Crimson Education（クリムゾンエデュケーション）社によるこのランキングは、ケンブリッジプログラム、IBプログラム、入学試験と奨学金試験における成績、学校の文化的多様性、芸術とスポーツ面、それに世界トップレベルの大学に合格した生徒の割合に基づいて出されている。AICが、名実ともに世界中から生徒が集まる名門校となった証しと言えよう。

現在のAICは、生徒数が1学年70〜100人。高校だけなので全校生徒300人ほどの規模だ。IBプログラムを生徒に提供している学校は他にもあるが、成績優秀な生徒だけがIBプログラムを履修でき、またIBプログラムの資格取得が困難になれば、普通のコースに戻るの

が一般的なのだという。全員がＩＢプログラムを履修、資格取得をするのは、ニュージーランドではＡＩＣだけである。

「最初から優秀な生徒が入学していると思われがちなのですが、そうではありません。入学してから努力する生徒も多いのです。そういう状況で、世界の名門校の仲間入りを果たし、ニュージーランド1位に輝けたことは本当に素晴らしいことですし、生徒たちや先生方に深く感謝しています」と、桑原氏は語る。

世界中の学校から、教師がヘッドハンティングされる現実

実は世界のインターナショナルスクールの教師たちは、自国のみならず世界中のインターナショナルスクールからヘッドハンティングされている現実があるようだ。一つの学校に3年ほど在籍し、他校に移ることが一般的だという。校長とて例外ではない。日本の学校のように組織的に教育理念や伝統を引き継ぎ、生徒たちにも理念に沿った教育を施していくというやり方では決してないのだ。

ところが、ＡＩＣの教師に関して言うと、10年ほど在籍している教師が多いという。「ＡＩＣ

に来ると、高い教育を生徒に授け、結果を出すことができる。教師としてやりがいを感じられているのではないでしょうか」と桑原氏は分析する。

とは言え、ＡＩＣも例外ではなく、最近では他校から教師をヘッドハンティングされることが以前と比べて多くなったそうだ。アジア圏のインターナショナルスクールへ移る教師もいれば、中東でインターナショナルスクール創設から携わるために、新天地へ赴く教師もいる。

「教師が他校へ移り、新しい教師が我が校へ来ることは、決してネガティブなことではありません。人が入れ替わり新しい風が入ることで、組織は活性化するものだと考えます」

桑原氏はベテラン教師が他校へ行くことも、新しい教師が来ることも、歓迎している様子だ。

優れた教育を受けられる機会をリアルとオンラインの両方で提供

会社全体の話に戻そう。ＡＩＣエデュケーションでは、オンラインで学べる高校を２０２１年に開校するために準備を進めている。

「アメリカやイギリスなど海外の大学に行きたい」と海外に目を向けた明確な目的意識を持つ高校生向けに、世界のどこにいても学べるオンラインのハイスクールだ。

奇《く》しくも２０２０年からは新型コロナウイルスにより、世界中でオンライン化が急速に進んでいる。オンラインハイスクールは学びを深めたい世界中の子どもにとって需要があり、優秀な人材を育て社会に貢献できる事業だと、ＡＩＣエデュケーションは考えている。

オンライン学習における「自分独りだけ」という短所をカバーするために、リアルで行うプロジェクト学習をカリキュラムに組み入れる予定だ。

例えば、生徒たちが広島に集い、「世界の平和について研究する」などのプロジェクト学習を何パターンか準備し、それぞれ興味のあるプロジェクト学習に参加してもらうという形式だ。独りで学習するのと、「仲間と一緒」という意識で学習するのとでは、モチベーションも結果も違ってくる。

「高校生くらいになれば、自分の目標や明確な意思を持ってはいるものの、やはり独りというのは寂しいのではないか」と桑原氏は感じている。卒業するまでに「共に学ぶ仲間」ができる仕組みをつくりながらも、ベースはオンラインで進めていく。

さらに、桑原氏は語ってくれた。

「ニュージーランドに続き、創業の地である広島にＩＢプログラムを広めたいと、２００６年ＡＩＣＪ中学・高等学校を開校しました。ＩＢプログラムが優れていること、子どもたちに必要であることは確信しているので、今後はＩＢプログラムを取り入れた教育を日本でも海外でもどんどん広めていきたいですね」

ＡＩＣエデュケーションが求められているのは、実は生徒たちからだけではない。ニュージーランドにおけるインターナショナルスクール運営で、ＩＢプログラムという特色と共に日本式教育ノウハウを定着させ、結果を出してきたことで、教育界から注目され、同じような学校づくりのコンサルティングを依頼されるようになったという。

「われわれの持つノウハウやコンテンツをコンサルティングと共に提供し、海外でこの教育を広めようとしています。すでに中国では複数のプロジェクトがあり、具体的に動き始めました」と桑原氏。

ＩＢプログラムを取り入れた日本式教育システムを、世界に広める歩みは今後も止まらない。

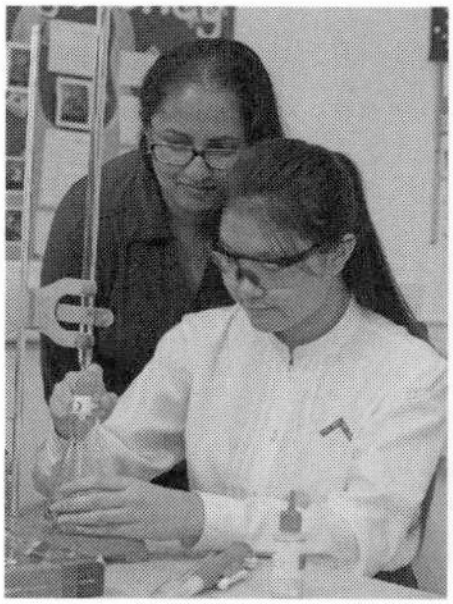

オークランド市内のブロックハウス・ベイ地区にある緑豊かなAICでは、生徒一人一人が主体的、探究的な学びを身につけ、ニュージーランドから飛び立って世界中で活躍・貢献している

ALL JAPAN 3

「挑戦」がキーワード 建築と教育の融合で 人材育成の波を起こす

日本式木造建築の教育施設をベトナム・ダナンに

株式会社片桐建設
代表取締役会長
片桐 正

■株式会社片桐建設

設立：1989 年 3 月
本社：長野県伊那市福島 1471
資本金：3,000 万円
国内に広く住居・工場・店舗などの建設を展開し、「誠実公正で社会的責任を考え信頼される企業」「地域社会への配慮ができる企業」を理念として掲げている。海外に向けては「カンボジア学校支援プロジェクト」に参画。ベトナムに幼児教育のための日本式家屋を建築。ベトナム人大工の人材育成も進めている。

建築業界の常識を超えたダナンプロジェクト、その原点とは

株式会社片桐建設（以下、片桐建設）は、日本国内では年間150棟前後の住宅の建設を請け負っている。それ以外にも、工場や店舗、アパートなど多岐にわたる物件を建築している。その片桐建設が海外へと展開していくきっかけとなったのは、ベトナム・ダナンの工場と提携し、オリジナル家具を提供することからだったという。そこから海外でのモデルハウス造りに成功、今後はもっと木造建築を広めていこうと意欲的だ。

また、「カンボジア学校支援プロジェクト」を進め、2014年にはカンボジアのラアック村に小学校を竣工させた。代表取締役会長の片桐正氏によると、新興国であるカンボジアで、人間力の高い若者が多いことに感心し、思い立ったプロジェクトなのだという。

「場所によっては教育への関心が低く、まともな校舎さえありません。教育環境が整っていないのです。何とか支援できることがないかと、いても立ってもいられない気持ちがこのプロジェクトに繋がりました」

片桐氏は人の成長過程で、幼児教育がいかに大切であるかを常に考えてきたそうだ。

「毎年、わが社には新卒の若い社員が入ってきますが、自ら考え、行動できない人が多い。人に言われないとできない、言われても理解しない、そしてマニュアルを求めます。そのような若い人たちを見て、私は物足りなく感じていました。その原因は何かというと、それはやはり幼児教育ではないかと思うのです」

小さい頃からの教育、しつけが現代の若者に影響しているのでは、と片桐氏が考えていたところ、ＳｅｌｆＷｉｎｇとの出会いが運命を大きく変えた。出会いのきっかけは、片桐氏が家具の提供の件でベトナムへ行った際に、ベトナムで教育のために動いている会社があると紹介されたのだ。

「ＳｅｌｆＷｉｎｇのパートナー、ユンさんとご縁をいただきました。彼女はどうしても日本の教育をベトナムに導入したいという強い思いがあり、私に相談に来られたのです」

すぐに何かが動いたわけではなかったが、２０１８年に転機が訪れた。ＳｅｌｆＷｉｎｇに、日本式の幼児教育を行い、なおかつ環境や生活習慣なども実現する教育施設をベトナムに造るプロジェクトが立ち上がったのだ。

「このプロジェクトなら、私たちの事業をやっていく上で、わが社の社員の育成などにも役立ち、自分たちも何かが得られるのではないか」と片桐氏は感じ、参入を決意した。

海外で仕事をするために必要な、「受け入れる」ということ

「海外で仕事をしていくには、まずは訪れた国の文化を受け入れることが大事なのではないでしょうか。その国の文化や、住む人の考え方を認めるのです。まずベトナムという国を認めないといけない。こういう感覚をいかに早く感じられるかが、相手を理解する一番のポイントだと思います」

片桐氏は重ねて、旅行で外国に行っても、そこまではなかなか感じ取れないと言う。

「数年前のことですが、ヨーロッパに知り合いの企業があり、個人旅行で行ったのですが、その時に強くそう感じました。ツアーで行く観光旅行がつまらなくなりました。その国の人の中に溶け込んで、体験することが必要なのでしょう」

仕事も同じで、お客様の家を建てる時は、お客様に入り込んで建てないといけないと、片桐氏は続ける。こちらからの押しつけでは駄目ということだ。

「ダナン市で日本式の教育施設を造るということも、同じではないでしょうか。日本の何を、どんなところを持っていくのか？　そこが難しいポイントだったと思います。そして、ただあるものを持っていき押しつけるのではなく、ダナンの人々と一緒に最適なものを造ることが、お互い

にとって正解なのではないかと強く感じました」

環境についても同じことが言えるだろう。その国によって気候が違い、それは人間が変えられるものではない。人は、その国々の気候に順応する身体を持っていて、順応できるような動き方や時間の使い方が身についているのだと、片桐氏は考える。

「だからこそ、気候の厳しい土地にでも人は住んでいられるのでしょう」

日本から気候の違う国に行った場合、すぐにはそれがわからない。

「1週間くらいたってようやく、『ちょっと待てよ？　もう少しゆったりと動かないといけないのかな？』と気づく。そして、その土地の気候と自分の身体に合わせた動き方や、時間の取り方が自然と身についていく。そうしないと、気候の厳しい場所では生きていけないという気がしました」と、異国での体験を語ってくれた。

ベトナムに感じた成長の風

ダナンプロジェクトでは、ベトナムで求められている「日本式教育」を実施する教育施設「SELFWING V-Garden」の建設を請け負った。「SELFWING V-Garden」を建設していた時は、ちょうどダナンの一番暑い時期で、朝7時前に現場に行っても気温はすでに30度を超えていたという。本当に暑い中で、社員のがんばりもあり、無事完成にこぎつけた。

「建設の工程を含め、ダナン市に数カ月間滞在した経験は、本当にいい経験になりました」と片桐氏は工事で実際にあったエピソードを語ってくれた。家を建てるには、最初はミリ単位で指示していく工程があるそうだ。そのミリ単位のことを片桐建設の大工から、ベトナムの大工に指導していく。

「それがベトナム人の手にかかると、3ミリが3センチになり、30センチになって、なかなか大変でした。そんな出来事の繰り返しの中で、みな根気よく指導し、ようやく完成したのです」

片桐氏が次に感じたのは、日本とベトナムの発展段階の違いについてである。

「建築の仕事に関わって50数年。日本は戦後70年以上がたちました。ベトナムに行ってみて、ベトナムをじっくりと見て、建築物の品質や安全面などの考え方が、40年から45年ほど前の日本と同じくらいと感じる部分がたくさんありました。しかし、現代は情報がとても速く伝わります。日本はここまで来るのに戦後70年かかっていますが、ベトナムはもっと短期間に、品質も安全面にしても、日本に近いレベルに追いついてくるのではないでしょうか」

また、片桐氏はベトナムの若者にも日本の大工の技術を身につけてほしいと、新たなプロジェクトを始める予定だ。ベトナムの若者たちを日本に招いて、1年ほど訓練してベトナムに帰ってもらう。片桐氏は、ベトナムの建設の現場で若者たちが活躍することを願う。

環境から学ぶ「教育」とは

「SELFWING V-Garden」は、建物すべてが木材でできている。日本式の教育施設として、ベトナムの子どもたちは、まずきちんと靴を脱いで入ることから学ぶ。もちろん最初からうまくはいかないが、周囲の人の動きを見て、自然に靴を脱ぐようになる。「ここはきれいに、足を拭いてから入らないといけないんだ」と、なぜかわかるようになる。「周りの整っている環境から、自然に学ぶのですね」と、日本式木造建築を建てた効果を話してくれた。

「ベトナムの子どもたちは素直です。良いものは学びたいという気持ちが伝わってきます」

ベトナムは、子どもは子ども、保護者は保護者という住環境だが、母親の目線で子どものことを見られる「SELFWING V-Garden」では、いつも親子で一緒にいられる空間が喜ばれているという。

「SELFWING V-Garden」の建設を通して、改めて教育とは非常に難しく、そして意味のある仕事だと実感した、と片桐氏は語る。

「教育は具体的に形に見えにくいものですし、すぐに結果が出るものではないですから、これはやり続けることが大事だと思います。ですが『SELFWING V-Garden』を建てたことで、子どもの成長を見せてもらうことができました。

日本式の家屋をそのまま建てたこと、その工程もお見せできたこと、なぜこんな形でつくられたかの理由など、ダナンの人たちの目に見える教育の形をつくれたことで、教育効果を実感できて本当に感謝しています」

日々、挑戦する力を持った人材を

片桐氏は、建築以外に新しい分野に挑戦している。日本で、リンゴ園を始めたのだ。10町歩(300坪×10倍で1町歩。その10倍の約10ha)の広さの、農業ができなくなっていた土地を買い、リンゴを育てている。この秋には収穫を迎える。

「農業の分野も、後継者がいないなどの問題があります。リンゴ園には学生のアルバイトが22人ほど登録しており、毎日7~8人が園で働いています。収穫が楽しみです」と片桐氏。さらに、

「リンゴ以外に、イチゴの栽培も始めました。12m×100mのイチゴハウスをつくり、今年の

9月に苗を植えつけました。プールより広い面積です。信州大学で品種改良したアイテムですが、なかなかおいしいイチゴです。先々は市場に出します」と、うれしそうに話してくれた。

建物を建築する土地は、農地を転用して宅地開発をして住宅を建てたりもする。農地にも荒廃農地など、さまざまな問題がある。そんな土地をいかに活用して、どのように進めていくか？を考えているうちに、「ちょっとリンゴを育ててみたらいいんじゃないの？」と思いついて始めたのだそうだ。リンゴ農家もたくさんあり、いろいろと話を聞くという。

「皆さん、リンゴ博士でおられます。ご自分が一番いいものを作っているという自負があって、話を聞くだけでもなかなか楽しいですよ」と、片桐氏自身も楽しむ様子がうかがえる。

もちろん、ここにも片桐氏の教育の理念が生きる。現在も、リンゴ園には大学生たちがアルバイトに来て、リンゴ園の作業をほとんどやっている。

「彼らは勉強ができますし、会話も一般的なことは通じますし、とてもいい子たちです。ですが、『しつけ』の部分を見ていると、足りないところが多々あります。本人たちはそこに気づいていないですし、必要だとも思っていないでしょう。社会に出て、礼儀やマナーなど身についていないことを求められた時に、非常にギャップが大きいと感じるのではないでしょうか。そして、そこで若者が挫折してしまうのではないかと感じます。彼らはみんないいものを持っていますから、私が伝えられることは、少しでも伝えていこうと思っています」

片桐氏の挑戦は、ここだけにおさまらない。建築事業、ベトナム家具（かたぎりの家具）、カンボジア・ラアック小学校、農業だけでなく、太陽光発電事業（メガソーラー）のプロジェクトも進めているのだ。太陽光発電事業に関しては、始めてからすでに3年がたつ。今のところ、3・7メガワットをセットしたものが順調に稼動しているそうだ。周囲には、リンゴ園の時も驚かれたが、この太陽光プロジェクトについても反対意見があった。それはそれで、世の中にはさまざまな考え方の人がいると勉強になった、と片桐氏の姿勢は柔軟である。

「何かに挑戦すると、必ず何かを得ることができます。弊社の社員も、若者たちも、毎日何かしら新しいことに挑戦してほしい。そこから何か新しいことを得てほしい。そして、自分の頭で考えられる、そういう人材になってほしい。そうでないと、社会は発展しないのではないでしょうか。そういう人材育成がとても重要だと思います」

片桐氏は今後も人材育成に重きを置きつつ、さまざまな事業を拡大し、「挑戦」を止めないのだろう。

片桐氏直伝、知っておくべき「つらくならない生き方」

最後に、片桐氏にこれまでの「苦労」について聞いてたところ、こんな答えが返ってきた。

「私はあまり苦労を感じたことがありません。人間、簡単なことばかりやっていると発展がないわけです。世の中は発展していますから、同じことを繰り返しているだけでは遅れをとります。人はみんな、今日より良い明日を求めています。食もそう、今日食べたものより明日は何か違うおいしいものを求めます。それを苦労とは思いませんよね？　より良いものを求めるという行為は、苦労とは違います」

仕事の取り組み方についても、片桐氏に聞いた。

「仕事は、よくみんな『大変だ、大変だ』と言いますが、そもそも仕事は大変なものです。楽な仕事というのはありません。大変なことをやるから、その先に良いことがあるのです。大変なりに、それを乗り越えるしかありません。新型コロナウイルスについても同じことです。乗り越えなくてはならないし、乗り越えるしかないんです。

まずは、いかにお客様にとって良いものを造るか。その結果、対価として何かが得られるわけですから、とにかく良いものを造ることが肝心です」

片桐氏は、働く若い人をどう育てようかと考え、常に「自分で工夫してやってごらん」と、言葉を投げかけるのだという。彼の理念は、やはり「仕事を通じて人を育てていく」ことなのだ。「仕事が大変」だということそれ自体も、考え方一つで受け止め方は違ってくるだろう。

ダナン市の工事では、暑い中、若い大工たちにとっては、家の建築は相当つらくてきつかっただろう。そのつらいと感じる原因は何か。それは本人の考え方なのだ。考え方次第でつらくもなるし、楽しくもなる。そして勉強にもなる。幼児の時にどう接し、どう教え、どういう育て方をすればいいのか。どういう教育をすれば、そういうものの考え方の人間に成長していくのか。「難しい問題だ」と片桐氏は言う。しかし、諦めてもいない。社員しかり、若者たちしかり、まだまだ伝えたいことがあるからだ。

「そうやって『仕事が大変』と思わずに生きたほうが、楽だと思いませんか？　だって、つらくないんだもん」

大きな笑顔で締めくくってくれた。

（上）ベトナム・ダナンにある日本式「V-Garden」の建築時の様子
（右下）「V- Garden」に集う人々
（左）ベトナムでの地鎮祭

ALL JAPAN 4

ベトナムでオリジナルの子ども向けコンテンツ制作を実現！

現地13年のスキルとコミュニケーションを生かす

GO GO エンターテインメント有限会社（GO GO ENTERTAINMENT CO., LTD.）
代表取締役社長

梅沢 靖

■GO GO ENTERTAINMENT CO., LTD.

設立：2007年
本社：No.102 Pham Cu Luong St., An Hai Dong Ward, Son Tra District, DaNang City, Vietnam
資本金：62億7,435万6,060 VND（327,000 USD）
ベトナムでキャラクターコンテンツのプロデュース事業を手掛ける。輸入コンテンツのプロモーションと、自社オリジナル子ども向けコンテンツを制作、販売。現地クリエイターの育成とともにキャラクターマーケット拡大をはかる。

ベトナムでキャラクターコンテンツ・プロデュースの先駆けとして事業を展開

ＧＯ ＧＯ エンターテインメント有限会社（GO GO ENTERTAINMENT CO., LTD. / 以下、ＧＯ ＧＯエンターテインメント）は、ベトナムで２００７年からキャラクターコンテンツのプロデュース事業を手掛ける企業だ。ベトナムではまだ、エンターテインメント事業というものがほとんどなく、あってもアニメ放送やマンガ出版にとどまっていた頃から、この事業を行っている。ＧＯ ＧＯエンターテインメントでは、キャラクターコンテンツのテレビアニメの放映、映画配給、出版、ネット配信などのメディア事業、グッズの商品化、商品開発生産サポート、商品の輸入卸売り、イベント企画、小売り販売などの関連グッズ事業、それに伴うコンテンツのイベント、販促プロモーション事業といった、キャラクターコンテンツを取り巻くあらゆるプロデュースを手掛けている。

代表取締役社長である梅沢靖氏の前職は、おもちゃメーカーにおける日本国内でのマーケティングだ。

「日本では少子化が進んでいる状況の中で、子ども関連のビジネスはアジアをはじめ海外に進出する企業が増え続けていました。ですが、日本のおもちゃやキャラクターグッズがなかなか海外で定着しにくいケースが多かったのです」

なぜ海外ではうまくいかないのか？　という疑問が、ベトナムでの起業の出発点だったという。「ベトナムに来た時は33歳だったので、どんな苦労が待ち受けているかも知らず、とりあえず乗り越えられるだろうという根拠のない自信で始めました」と、梅沢氏は当時の意気込みを話す。

実際に事業がスタートすると、市場環境や商習慣の違いのために「子どもに日本のおもちゃを届けることの難しさ」という現実を骨身に染みながら、さまざまな新しい取り組みを手探りで進め、ベトナム人スタッフと共に会社を成長させてきた。

現在のＧＯＧＯエンターテインメントの事業としては、

・日本企業からベトナムでのキャラクター展開のオファー
・ベトナムで展開したい日本の人気キャラクターの利用を権利者に依頼
・自社オリジナルコンテンツの開発と展開

これらの3パターンのプロデュース方法で、日々展開している。キャラクターマーケットにおける、日本とベトナムの違いは大きい。日本のキャラクターマーケットは成熟しており、テレビ、映画、グッズなど、それぞれに異なる企業が手掛け、細分化されている。だがベトナムではマーケットが未成熟ゆえ、それぞれの事業を必ずリンクさせながらプロモーションをしていかなければ、ベトナム国民に広く認知されることは難しい。ＧＯＧＯエンターテインメントのプロデュース事業が多岐にわたるのは、こういった現地の事情があると、梅沢氏は語る。

現在、ＧＯＧＯエンターテインメントが手掛けるメインキャラクターには、『ポケットモンスター（以下、ポケモン）』『機動戦士ガンダム』、そして後述する自社オリジナルキャラクター『UME CHAN（うめちゃん）』がある。『ポケモン』と『機動戦士ガンダム』は、ベトナムで必ず受け入れられると梅沢氏は考え、ＧＯＧＯエンターテインメントから日本の権利者に、ベトナムでキャラクター事業を展開させてほしいと依頼し、実現した。

２０１３年には、日本の株式会社バンダイスピリッツ（当時は株式会社バンダイ）のプラモデル『ダンボール戦機』シリーズをベトナムで販売。その際パッケージと組み立て説明書のローカライズのみならず、ベトナム全土の百貨店、書店、それにスーパーマーケットなどでも入手できるよう、最大約６００店舗まで配荷できる仕組みを構築した。さらにテレビアニメーションの放映権も獲得し、ケーブルテレビでの放映が実現した。

2020年現在、ベトナムで人気のキャラクターは『ドラえもん』と、『名探偵コナン』だという。ベトナムで収益化される一番の分野が「マンガ」だというのが理由だ。なんとベトナムのマンガ本マーケットのシェアは、アジアでは日本に次ぐ第2位なのだという。1990年代まで市場開放が進まなかったベトナムでは、他国の文化に触れられるのは書籍かマンガくらいだったので、マンガを読むことは国民に根づいているのだ。ベトナムには店舗数100を超える大型チェーン書店があり、本はビッグマーケットというわけだ。

一方で、「ベトナムでのゲーム市場は、ほぼゼロに近い」と梅沢氏。ゲームの人気キャラクターコンテンツは『ポケモン』で、これもGOGOエンターテインメントがプロデュースしている。ベトナムでのゲームマーケット自体が小さいことから、ゲームのキャラクターグッズも今後の成長が期待されるマーケットだという。ゲームよりもマンガのキャラクターのほうが、国民には広く認知され人気がある。

「一つのキャラクターがその国で成功するか否かというのは、実はシンプルなんです。そのキャラクターが『どこで』生まれたかによって決まります」

要するに、ベトナムではゲームよりもマンガのほうがはるかに国民に定着しているから、マンガから出てきたキャラクターは人気があり、収益化されやすいということだ。

また、「ベトナムで人気なのは、日本のマンガの『作品性』であり、そこから派生するアニメーションや映画もヒットしやすい」と、梅沢氏は分析する。映画マーケットは年15%の伸び率で、若いカップルのデートコースに映画館が大人気になっている。興行収入が1億円を超えるような日本映画作品は、キャラクターが収益化されやすいという。「作品性」とは、ストーリー展開、登場人物のキャラクター、緻密な背景の描かれ方など、作品全体の醸し出す雰囲気も含まれる。これらが、ベトナム人に受け入れられやすく、読めば心を揺さぶられ、マンガに引き込まれる人が多いのだろう。

自らが変わるところからスタートした、ベトナムでの人材育成

ＧＯＧＯエンターテインメントを立ち上げてから13年という月日がたち、これまでのことを改めて振り返り、梅沢氏はこう語る。

「振り返ると長いですね。ですが、毎日必死でさまざまな問題を解決しているうちに、気がついたら13年がたっていたという感じです。最初から10年やろう、ここまでやろうと決めていたわけではありません。地べたを這いずり回った結果、13年が過ぎていました」

ベトナムでGOGOエンターテインメントを立ち上げたのは2007年のこと。

「私自身が昭和の人間で、『気合いと根性』で社会人になりました。営業職は売り上げが出なければ帰ってくるなと上司に言われていた時代の感覚を引きずったまま、ベトナム人のスタッフ5人と共に事業をスタートしました」

当時は部下から質問されると、「そんなこともわからないのか！ 頭を使って考えろ！」と、本人たちのためだと思い頭ごなしに叱っていたという。自分自身もそういう教育を受けてきたことで、それが当たり前だったのだ。だが、大きな問題が起こった。会社を立ち上げて半年が過ぎた頃、スタッフから「社長、話があります。今日限りで全員辞めます」と、何の前触れもなく突然告げられたのだ。

「今思えば、スタッフに対しての言葉遣いや受け答えは、適切な態度ではなく不親切だった」と、梅沢氏は振り返る。その出来事以降は、「自分の頭で考えろ」は封印し、質問された時は極力シンプルにストレートに答えを言うように切り替え、「そこは、お任せします」という指示に変わっていったという。それでもすぐにはスタッフ教育がうまくいかず、スタッフが定着しなかった時期が5〜6年は続いた。

「僕の夢に付き合ってくれてありがとうございます」という感謝の気持ちで

「失敗は数知れない。そもそも日本とベトナムでは文化や習慣、考え方も違うので、ストレートに言い合ったとしても、通じるところと通じないところがある」と、梅沢氏は人材教育の難しさを語る。

国の文化や習慣とは、時代を超えてその民族が築いてきたものだから、十分にコミュニケーションが必要であることは重々承知している。そうはいっても、深く理解し合うのは容易ではないし、時間もかかるだろう。海外で事業を展開するには、現地スタッフといかにコミュニケーションをとるかに事業の成否がかかっていると言っても過言ではない。経営者側の努力と工夫に加え、スタッフ側の理解が欠かせない。

「彼らは人前で怒られると、『もう、嫌だ』と突然来なくなってしまうことがありました。日本で起こるような、仕事に追い詰められて命を絶つようなことはベトナムでは起きませんが、嫌ならパッと辞めてしまうのです」

そんな経験をしてからは、スタッフを別室に呼んで話をしたり、デスク回りでは小声で注意するようにしたり、その後は笑顔で「よろしくね！」と言って終わるよう配慮するようになったそうだ。

「経営者として、スタッフには仕事をしていただいているというスタンスに変わりました。『皆さん、僕の夢に付き合ってくれて、いつもありがとうございます』と、感謝の気持ちを持つようにもなりました。とはいっても、そうなるまでに10年かかりましたが」と、梅沢氏は話してくれた。

スタッフとの共同作業に涙。共通認識は「子どもたちに喜んでもらいたい」

日本人の仕事観と決定的に違うところは、ベトナム人は仕事を人生のメインに置いていないことだと、梅沢氏は語る。

「仕事はあくまでも生きていくためのものだと、割り切っている人が多いと感じます。『この会社で一生働く』『上司に怒られてもしがみつく』といったことは全くありません。人を使う側が意識を変えない限りは、マネジメントはうまくいかないと、いろいろな衝突から学びました。そういう意味では修行ですね」

ＧＯＧＯエンターテインメントのスタッフは男性のほうが多いが、エンターテインメントのようなクリエイティブな仕事は、女性にも人気がある。

「稼ぐ意識が高く、仕事に力を注いでいるスタッフは頼りがいがあり、活躍もしてくれている」と、梅沢氏は現地スタッフを頼もしく感じている。日本とベトナムは、共に中国の影響を受けている文化圏のためか、価値観が合うと感じることもあるという。年上の人を敬う、人の役に立ちたい、社会に貢献しようという思いは、ベトナム人も持っている。エンターテインメント会社なので、「子どもたちに喜んでもらいたい」「人が喜ぶ姿が見たい」という気持ちを全員が共有しているという。

2016年に『ポケモン』の映画をベトナムで初めて公開した時には、「吹き替えや編集作業を徹夜でやったり、タレントを使ったプレミア試写会を大劇場でやったり、オリジナルのエンディングソングを楽しく作ったりと、多くのことに全員でチャレンジし、がんばって作り上げました。公開日にスタッフ全員と映画館に行き、エンドクレジットに会社のロゴと一緒に全員のスタッフの名前が出た時には、さすがにみんなで泣きましたね。この仕事をして良かったと、みんなで共有できた体験でした」と当時を懐かしみ、うれしそうに話す梅沢氏。

このような共に苦労したことが実を結ぶ経験と、日々のコミュニケーションの積み重ねが、文化・民族を超えて人間同士の繋がりを強くし、組織としての団結力も強固なものにしていく。

念願だった、ベトナムスタイルの子ども向けコンテンツを共同制作

キャラクターコンテンツという子ども向け事業を展開していると、幼児を持つ保護者が教育に高い関心を持っていることを肌で感じることがあるという。しかしベトナムには、子ども向けコンテンツを制作するノウハウがない。だからこそ、ベトナム人と一緒にベトナムスタイルの子ども向けコンテンツを制作したいという強い思いを、梅沢氏はずっと抱いていた。

「日本のおもちゃメーカーに在職していた時は、幼児コンテンツを手掛けていました。日本の幼児発達心理学や、認知心理学の大家であるお茶の水女子大（当時）の内田伸子先生の薫陶を受け、幼児に最適な映像表現などのテクニックやコンテンツの考え方を、叩き込まれたのです。日本のノウハウを注入した、ベトナムの家庭環境に合った幼児向けコンテンツを作れるとも思っていました」

偶然にも、同じ思いを持つ、ＮＨＫの幼児教育番組制作などを手掛ける株式会社81（エイティワン）プロデュースの南沢道義社長との縁があり、２０１９年6月からベトナム国内で子ども向け番組『BIBABIBO』のオンライン配信を実現。『BIBABIBO』は日本の幼児番組のノウハウを

生かして制作した。日本式の教育とエンターテインメント要素が取り入れられ、０歳から４歳の子どもと、その保護者を対象としている。

番組進行役の歌のお兄さんとお姉さん、オリジナルキャラクター「UME CHAN（ウメちゃん）」が登場し、子どもたちと一緒に歌や踊りを楽しみながら、アニメーションや英語などさまざまなコンテンツも楽しめる番組に仕上がっている。チャンネル登録者数１２３０万人超を誇る子ども向け番組の配信チャンネル「POPS KIDS」から配信される。

優秀な若手クリエイターがベトナム発のコンテンツを世界に発信

ここ最近は、ベトナムの映画産業が非常に元気であり、かつ優秀なクリエイターが多いと言われている。ベトナム人はもとより、アメリカ在住のベトナム系アメリカ人は２００万人にのぼる。本場アメリカで映画やテレビ番組制作について学び、クリエイティビティを高めて帰国した若者が、ベトナムのテレビ業界や映画業界に大勢いるのだ。優秀な彼らのおかげで、ベトナムの作品が今ではどんどん海外に出展されるようになったという。

梅沢氏は、「その中で、幼児番組ももっと海外に出ていくようになったらいいなと思っています」と、今後の展望を語る。

子ども向け配信番組『BIBABIBO』のオリジナルキャラクター『UME CHAN』制作においては、バックグラウンドやストーリーも含めスタッフと共に育てることで、梅沢氏の長年の夢を実現した形だ。

「子ども向けコンテンツ制作にはノウハウがあり、キャラクターの作り方や幼児番組の作り方など、スタッフも勉強しながら実体験ができています。これを2年か3年ほど繰り返してもらい、最終的にはベトナムのスタッフが、ベトナムの子どもたちが求めるものを作れるだけの力をつけてほしいですね」と、梅沢氏は期待を寄せる。

「次は絵本を作るんです」とベトナムに来て初のオリジナルキャラクターをベトナム人スタッフと共に作り、育て上げる醍醐味を味わっている梅沢氏。そうして作られた、「メイド・イン・ベトナム」の子ども向けコンテンツが受け入れられたら嬉しいと、次の夢の実現に向けてスタッフと共に動き始めている。

（上）幼児教育番組『BIBABIBO』お披露目記者発表会
（右下）映画『ポケモン』を公開時のプレミア試写会にて。梅沢社長と主題歌を歌った歌手の CHIBI 氏
（左下）GO GO エンターテインメントの社員旅行

ALL JAPAN 5

ベトナムの子どもたちの未来を給食でサポート

日本式学校給食の給食室造りから食育まで

株式会社CTMサプライ
代表取締役

片山 智

■株式会社CTMサプライ

設立：2004年3月
本社：東京都新宿区四谷三栄町9-4 堀木ビル2階
資本金：1,000万円
公立校の学校給食を中心に、学校・一般給食委託業務を営む。現在東京の23区で1200校のうち22校を担当。学校給食部、第一給食部があり、第一給食部では、学校以外に病院、幼稚園、保育園、障害者福祉施設などの給食業務を受託。その他、『こども食堂』の支援も行っている。

座右の銘は「Talk the talk walk the walk "Walk the Talk"」

株式会社CTMサプライ（以下、CTMサプライ）は、2004年の創立以来、学校・一般給食委託業務を営んできた。「学校給食とは、一生のうちで最も大切な成長期にある子どもたちの健康増進を図るもの」との考えのもと、子どもたちが「食」の大切さを学ぶ教育の場であると認識している。常に「安全で安心なおいしい給食」をテーマに、学校給食調理業務を行っているのだ。「学校給食」ならではのノウハウや安全衛生管理の徹底、学校給食調理技術の向上を常に心掛け、「安全で安心な」そして「楽しい、おいしい」給食を実現している。

CTMサプライの座右の銘は、「Talk the talk walk the walk "Walk the Talk"」（言うべきことは言う、やるべきことはやる、言って、やる、〝有言実行〟）。CTMサプライの理念の一つとして掲げているこの思いを実現するため、地域のボランティアの方々や、子どもたちとの交流を深め、「地域に根づいた会社」を目指している、と代表取締役の片山智氏は語る。

給食文化が根づいていないベトナムに日本式給食を広めることを決意

ＣＴＭサプライは、２０１９年にベトナムのハノイから1時間ほどの場所にあるハイズオン省で、日本式の給食の提供をスタートした。ベトナムで日本式給食を広めるきっかけになったのは、ベトナムの人材を派遣する会社の担当者であるファム氏と出会ったことだという。2年ほど前、国内での仕事の人手不足を補うために、ベトナムの人材を紹介してもらうよう依頼した縁で知り合ったのだ。

「ＣＴＭサプライの仕事に興味を持っていただき、ファムさんに給食に対する私の思いを伝えました。共感してくださったファムさんから、『給食を自分の故郷に持っていけませんか？』と相談を受けた時は驚きました。素晴らしい日本の給食を、自分の故郷に広げたいと。商売としては厳しいのではないかと伝えましたが、ベトナムには大勢の人がいるので人材を活用したいこと、ベトナムには給食文化が根づいていないので何とかしたいこと、そして故郷に貢献したいことなどを強く言われました」と片山氏は振り返る。

ベトナムでは富裕層は肥満児が90%なのに対して、農村地帯は栄養失調が多い。ベトナムの中でも偏りがあるのが現状だ。また、ベトナムの小学校では、学校で給食を食べる子どもたちと、自宅に帰って食べる子どもたちがいて、全員が同じ栄養価を摂るまでには時間がかかりそうだ。給食がある学校もあれば、ない学校もあり、国として特に定まっていない。今後ベトナムが伸びていく中で、子どもたちの将来のために栄養価に関する知識を伝えていくのは絶対不可欠であることと、ベトナムへ日本式の給食を持っていきたいというファム氏の熱い想いに共感し、片山氏はベトナムに進出することを決めた。

工事開始から調理器具の調達まで、苦戦した学校給食提供までの道のり

2019年9月にベトナムで「合弁会社CTMサプライ・ベトナム」を設立し、長年にわたり日本で培ってきたノウハウを生かして、ベトナムの北部にあるハイズオン省のゴックソン(Ngoc Son)小学校で日本式学校給食の提供をスタートした。

しかし、スムーズに開業できたわけではなく、工事開始から調理器具の調達まで、一筋縄ではいかない出来事が多々あったという。2019年6月から、建物とは言えないような屋根のついた枠組みだけの倉庫があった土地に、給食室という名目で建設工事が始まった。

片山氏いわく「規模としては、給食室というよりも工場」。工事途中には台風もあり、工事が止まったこともあったそうだ。

「まずは文化の違い。工事の人たちには、なかなかこちらの意図が伝わらず、工事そのものがスムーズにいかず大変でした。工事に必要な材料一つ一つが手に入らないこともあり、そこでも苦労しましたね」

壁を造ること、天井を造ること、電気（照明）を配置すること。この一つ一つがうまく伝わらない。例えば、給食室では細かいものや異物を見逃さないために、手元に陰ができないように照明を配置する。丁寧にここを説明しても、「照明はこんなにたくさんいらないでしょう」と、勝手に間引かれてしまうのだ。何度も説明し、ようやくきちんと電気が配置された時は、心底ホッとしたという。

また、厨房を造る厨房機器会社も日本とは考え方が違う。そもそも給食のように大量の料理を作るという概念がないのだ。だから大量に料理するための調理器具がなかなかそろわない。衛生的な調理器具も手に入らないものがあり、調達がとても難しかったという。日本の給食室には必ずある大きな回転釜も、ベトナムにはない。これは、マレーシアから輸入した。

「それでも最後は何とかなりました」と、ため息まじりに話す片山氏の姿から、これまでの苦労をうかがい知ることができた。そして、2019年9月に完成にこぎつけたのである。

スケルトン扉から伝わる子どもたちの熱気！　待ちきれない初めての給食

給食といえば、まずは給食のメニュー作り。先に日本人栄養士によってメニューを作り、その後ベトナムのスタッフたちがベトナム人好みの味に寄せていく作業を行う。本格的にスタートする前には、説明会や試食会を何度も開催し、日本の学校給食について理解を深めてもらうこと、食育について、そして衛生面についても、安心・安全な調理環境が子どもたちにとって必要なことも話した。もちろん保護者からも意見を聞いた。

「あなたたちが安全な給食を子どもたちに作ってくれるのはわかるけれど、ベトナムの歴史や伝統を知ってもらって、ベトナムの食事のことを忘れないでほしい」という要望があり、ベトナム人スタッフにもメニュー作りに参加してもらうことになった経緯がある。

2019年9月から子どもたちに提供している日本式の給食は、ハイズオン省の子どもたちに好評だ。

「ハイズオン省の小学校は、『ランチルーム』というところに、子どもたちが一斉に集まって給食を食べています。日本のように教室で食べる形式ではなく、200人ほど子どもたちが集まって食べるのです。ランチルームから厨房が見えるように、スケルトンの扉をつけていて、子どもたちが『まだか、まだか』と厨房の中を覗き込むことができます。かなり広いランチルームですが、子どもたちの熱気で湯気が立ってしまい、視界が悪くなって、『危ないのでは？』と思うくらいに奥が見えなくなることもありました。待ちに待った給食を出された時のワクワク感や、食べている時の子どもたちの笑顔には、とても感動しましたね」と現地スタッフにとっても忘れられない給食が始まった初日のことを、片山氏は声を弾ませて話す。

「子どもたちは、給食をほぼ残さず喜んで食べてくれています。テーブル1列に18人が並んで座るのですが、まず端からおかずを配っていくと、ご飯を配る時には待てずにおかずがなくなってしまうことも。どうやってご飯を食べるのか心配するくらい、ご飯も残しません」

待てずに食べてしまうので、「いただきます」と「ごちそうさま」のあいさつは、今も勉強中だそうだ。だが、子どもたちも成長していて、きちんと着席して、友達のために食材を回したり、食べ終わったらみんなが列をつくって食器を元の場所に戻すことも、身についているという。

「安全で安心な環境で、給食を楽しくおいしく食べて、食事の大切さを学んでほしい。こうして日本の給食の良さを伝えられているのが、とても嬉しく感じています」と片山氏は語る。

人材育成にリモートワーク活用と、日本で学んだ人材を適材適所に配置

給食を食べる子どもたちについて書いてきたが、ベトナムの現地で働くスタッフについても触れておきたい。片山氏は、ベトナムの現地スタッフを高く評価している。

「現地のスタッフには、ファムさんに通訳をお願いしていますが、こちらの考えを理解してもらうまでに時間がかからず、人材を育てることについては、さほど苦労した点がありません。納得したあとのスピード感が素晴らしい」

日本からスタッフがしばらく張りついて給食の指導をしていたが、日本の給食に関する考え方を理解してもらうのがとにかく早く、逆に創意工夫もしてくれる。

現在は日本のスタッフはベトナム現地にはおらず、いわゆる〝給食のおばちゃん〟たちは全員現地のスタッフだ。リモートカメラがついており、日本でカメラで見ながら作業について指導することもあるが、ほとんど注意することがないほど。そして毎日きちんと報告もしてくれる、素晴らしい現地スタッフだと片山氏は語る。

また通訳だけにとどまらず、人材派遣の仕事を通して培ったノウハウを持つファム氏の活躍

も、なくてはならないものだ、と片山氏は力強く話してくれた。ファム氏は人材派遣の仕事を通して、強く感じていることがあったそうだ。それは、日本に派遣されたベトナム人たちが、せっかく日本で技術を身につけても、ベトナムに帰るとその技術を生かさず、全く違う仕事についてしまうケースが多いこと。

そこで、日本で食品作りを経験した人材や、日本の衛生面への理解が深いスタッフをリーダーとして配置している。

ファム氏が人材を適材適所に配置したことが、現地スタッフ同士で徹底的に話ができる環境となり、業務がスムーズに進んでいる大きな要因となった。このことも人材育成や日本式の給食の考え方がうまく浸透した理由だと、片山氏は考えている。

片山氏らは、小学校への給食提供が始まって1年がたったところで、次のステップとしてファム氏の生まれ故郷であるダナン市で日本式の給食を導入しようと、日本式給食に共感してもらえる学校を探し始め、視察も開始した。

2020年9月スタートを目標に、ダナン市の幼稚園でも給食を提供できるように、現地スタッフと討論を重ねながら準備を進めている。

ベトナムの一貫校で日本式給食モデルを構築！　いずれは日本へ

片山氏には、創業当時からずっと考えてきたことがある。日本で実際に、学校現場で給食を作るスタッフたちの給料を含むさまざまな待遇面を改善したいという思いだ。

「給食業界の仕事は素晴らしいと、皆さん言ってくださいます。ですが、働いている人間は報われていない現実もあります」と、片山氏は今まで抱いてきた想いを強調する。

日本の給食室は、暑かったり寒かったりが当たり前な過酷な環境である。そこで一生懸命働いているスタッフが給料面でもっと報われるべきではないか、環境面でも働きやすい現場にできることがあるのではないかと主張してきた。

「日本には日本の業界のルールがあり、そこに関しては業界の考え方として否定はしていません。ですが、私は実際に働いている人たちを守りたいですし、労働対価も報われるようになってほしい。そのためには私が行動するしかないと考えています。私はこれまで日本の中で状況を変えたいと一生懸命やってきましたが、日本の中では変えることが難しいということも、だいたいわかってきました。だったら、日本の外から変えてもいいのでは？　そんな考えが浮かんできたのです。

ベトナムとご縁をいただき、ありがたいことに現在ハイズオン省から、幼稚園から小学校まで、そして中学校から高校もつくっていく予定なので、日本式給食で手伝ってほしいと言われています。ベトナムは今後も一貫校化がどんどん進んでいくと思うので、一貫校のパッケージ・モデルをきちんとつくりたいと考えています」

「海外では『日本式給食モデル』が当たり前にあり、稼働できている。日本でできないのはどうしてなのか？」と堂々と言えるような一貫校モデルをベトナムでつくり上げ、日本に逆輸入することで日本でも認めてもらう活動を展開しようと考えているのだ。

「日本式の給食、食育、衛生面などが求められています。安心・安全を実感されていること、食材のおいしさ、食事のマナーなどが喜ばれていること、トータルで考えても、今後もベトナムで日本式給食が広がっていくことは間違いないでしょう。給食を食べてくれる子どもたち、給食を作ってくれるスタッフたち、そしてベトナムという国が発展すること。私たちＣＴＭサプライとしての実績をつくっていくことで、日本の給食業界でも大きく展開していきたいと思います」と片山氏は誓う。

ベトナムの子どもたちの未来、そしてさらなる夢へ

片山氏と共に進むファム氏には、夢がある。

「質の高い学校給食がゴックソン小学校を拠点に、さらに他の地域でも根づいていくことが、子どもたちの将来やベトナムの将来にも繋がっていくと自負しています。いつか私たちの給食を食べた子どもたちが、ベトナムのサッカー代表選手になったり、世界で活躍するような起業家になったりと、『私たちの給食で育ってくれたんだな』と実感できるようになることが夢です」と言うファム氏の夢を実現するために、片山氏は後押しをするつもりだ。

「ベトナムで日本式給食を導入したことによって、ずいぶん視野が広がりました。今後は私自身がもっと学びを深め、給食だけでなく、共に動ける企業と一緒に、学校づくりや教育に関しても取り組んでいきたいと考えています。またベトナムに限らず、給食文化のないベトナムの近隣の国、例えばミャンマーやカンボジアなどにも、いつかは踏み出したい。さらに、子どもの食育に関して興味を持つ企業が、日本からどんどん増えていくことも願っています」

ＣＴＭサプライ・ベトナムは、日本式の学校給食をベトナムに広めていくとともに、今後はベトナムに進出している企業向けに、社食も提供していく予定だ。

（上）小学校のランチルームで給食を食べる子どもたち
（右下）片山社長（右）とファム氏
（左下）厨房で給食を作るスタッフ

ALL JAPAN 6

国際社会の新たなインフラを構築

日系企業の海外進出支援と現地人材の育成を土台に

PASONA TECH VIETNAM CO., LTD.（有限会社パソナテックベトナム）
General Director

古谷誠一

■ PASONA TECH VIETNAM CO., LTD.

設立：2004年2月
ベトナム本社：4th Floor, E.Town 1364 Cong Hoa St., Tan Binh District, Ho Chi Minh City, Vietnam
資本金：US$ 90万（100% 株式会社パソナテック）
ベトナムではホーチミン本社をはじめ5カ所の拠点を持ち、グローバル人材の紹介および採用コンサルティングを行う。ベトナムに進出している日系企業向けに、ビジネスマナーやホスピタリティなどの良質な研修サービスを提供するほか、大学と連携を図り高度エンジニア人材の育成事業を展開するなど、日本企業に対してのベトナム進出支援サービスも手掛ける。

ベトナムへの日系企業の先駆けとしていち早くスタート

人材派遣をはじめとした人材総合サービスのほか、地方創生、教育、福利厚生、介護、家事代行など、国内外で幅広い事業を展開している株式会社パソナグループ（以下、パソナグループ）。1984年に業界で初めて海外進出を果たし、現在では世界15地域59拠点でグローバル人材のトータルサポートを展開している。

パソナグループの一員であるPASONA TECH VIETNAM CO., LTD.（以下、パソナテックベトナム）は、ベトナム国内の日系企業に向けて、人材紹介、アウトソーシングや教育研修サービスを提供するベトナムの現地法人だ。設立は2004年、グローバル人材を活用したアウトソーシング事業からスタート。

2008年にベトナム現地ソフトウェア受託会社の出資持分のすべてを取得し、新生パソナテックベトナムを設立。2011年には、日系独資人材サービス会社としてベトナムで初の人材紹介ライセンスを取得し、日本企業のベトナム進出や現地人材の育成に貢献してきた。当時のことを、パソナテックベトナム代表の古谷誠一社長はこう振り返る。

「実は、設立当時のベトナムは外資規制が非常に厳しく、2011年まで人材紹介のライセンスを取得することができませんでした。だからといって諦めたくなかったのは、ベトナムが若い世代が多く勢いのある国だと肌で感じていたからでしょう。何かベトナムの未来をつくる事業ができないか……。そこで思いついたのが、現地の優秀なエンジニアを活用・育成するアウトソーシング事業だったのです。ＩＴ関係やモノづくりを手掛ける日本企業からＣＡＤ設計等の業務を請けて、ベトナムのプロジェクトチームで運用する。それがパソナテックベトナムの始まりでした」

人材紹介のライセンスを取得したことで、パソナグループの本流である人材ビジネスがベトナムでも本格的に稼働することになった。なかでもベトナムに進出する日系企業に歓迎されたのが、現地スタッフを対象にした教育研修事業である。

「パソナテックベトナムが設立される前は、日本のパソナグループの中にあるパソナグローバル事業本部が、海外に向けた教育コンテンツの発信を担当していました。内容は、すでに海外進出をされている企業に対し、現地スタッフの教育カリキュラムや育成サービスを提供するものです。日本のパソナグループからすると、まさに研修コンテンツの輸出です。日本の人材系企業としては新しい取り組みでしたが、パソナグローバル事業本部としてのノウハウがあったので不安はありませんでした」と古谷氏は語る。

２０１２年にはパソナテックベトナムとして最初の研修事業となる「シンデレラトレーニン

グ」をスタート。現地の日系企業に勤めるベトナム人女性スタッフを対象としたプログラムで、ビジネスマナーやホスピタリティに加え、大手化粧品会社とのコラボレーションによるメイクアップ講座などもコンテンツに取り入れていたという。現在、ベトナムには約2000社の日系企業が進出し、日本人在住者も2万人を超えているが、その土壌づくりにパソナテックベトナムが担った役割は大きいと言えるだろう。

ベトナムの社会に寄り添い、「ソフト面を醸成する場」を提供

とはいえ、人材教育はただでさえ一筋縄ではいかないものだ。海外でとなれば、その難しさは想像以上だろう。

「ベトナムの方々に対しての教育研修は、すべてがスムーズにいったわけではありません。国の文化、家庭環境など、育ってきた背景が全く違うのですから、一方的に日本の考え方を押しつけても理解されないことは明らかです。最初の頃は、『日本はこうだから、あなたたちもこう進めてください』というアプローチをしたこともありましたが、当然理解されませんでした。そこでわれわれもベトナムの歴史を一から学び直し、ベトナムの教育方式を取り入れた研修コンテンツを作ることにしたのです。受講者のパーソナリティを理解するために、一人一人との面談も重ね

ていきました。事業を進める中で大変なことはいろいろありましたが、一番苦労したのはこの時かもしれません」と古谷氏は振り返る。

そして、もう一つ大変だと感じたことがあったという。ベトナムの若者は学ぶ意欲が非常に高く、実際に成績の良い学生も多い一方、集団生活で必要な対人スキルや人間関係を学ぶ環境が乏しい部分があるということだ。例えば日本の大学生の多くは、勉学の傍らアルバイトをして、多少なりとも社会と繋がることを経験する。家庭でも、組織の一員として働くことを、親が背中を見せて教える環境があるのではないだろうか。しかしベトナムにおいては、そのどちらもが〝ない〟というのだ。

「ベトナムの学校では、経済、経営、ITなどさまざまな専門分野について学びますが、すべてプログラム化されていて、それ以外のことは学ばないのです。これの何が大変かというと、社会に出た時に人との付き合いやコミュニケーションがうまくとれない。頭はいいがソフト（意識や感情、心）の部分が追いついていない人が多いという印象です。非常にもったいないことだと思います。ベトナムは今、人口が1億人近くまで増えており、新興国とはいえ、とてもポテンシャルが高い国です。経済の発展も素晴らしい。そこにソフト面での成長が加われば、もう一段、いや二段階、国全体としての成長、レベルアップが期待できるはずです」と古谷氏は指摘する。

この問題に対して、パソナテックベトナムは自社の教育研修事業を「ソフト面を学び醸成する場」と位置づけている。学ぶ機会を提供しながら、ベトナムという国、都市、会社、人の発展成長に寄与することをゴールとして、パソナグループのノウハウをすべて注ぎ込み、カリキュラムの作成と運営にあたっている。

現在、ベトナム人インストラクターの育成にも力を入れているが、ひな型のテキストで教えることは絶対にしない。受講者とクライアント企業、双方の意見を聞きながら、課題に対してプログラムを作り込む。

「教育の課題は組織によって千差万別。日本式の教育プログラムをそのまま提供するのではなく、背景や習慣に合わせ、じっくり話を聞きながらカスタマイズしていきます。ベトナムの方々と同じ課題を共有し、未来へ向けてのコンテンツを作っていく過程は非常に楽しく、やりがいのある仕事です」

国の経済成長フェーズにパソナグループの持つノウハウを柔軟にフィットさせることで、ベトナム社会と共生する道を切り開いてきたのだ。

ダナン市とMOUを締結、ベトナムのさらなる経済発展に貢献

ベトナムに進出する日系企業は年々増加を続けている。特にIT企業の集約地であるダナン市

には注目が集まっており、ＩＴ人材のさらなる育成が急務の状態だ。そんな市場のニーズに応え、パソナテックベトナムは２０１９年に同国内で５拠点目となるダナン支店を開設。企業への採用、教育支援サービスのほか、大学と連携をしたエンジニアなどの高度人材育成事業も展開している。

同年４月には、ダナン市とパソナグループの間でＭＯＵ（了解覚書）を締結。内容はおもに、セミナーなどによる日系企業のベトナム進出支援のほか、大学と連携した人材育成や就職支援、そしてパソナグループが２００８年より展開している地方創生事業のノウハウを生かした観光促進支援の３分野である。なかでも注目されている取り組みの一つが、日本の淡路島とダナン市を繋ぐプロジェクトだ。兵庫県淡路島に、ＩＴ分野等における人材育成や産学連携を行う「Awaji Da Nang Center（淡路ダナンセンター）」を開設。エンジニアリング分野で働くベトナム国籍人材の受け入れや育成を行うとともに、ダナン市と連携した事業創造を行うためのサテライト拠点だ。国内外の教育機関や民間企業、外国籍人材が国境を越えて連携する機会を創出し、グローバルな産学連携の構築を目指していくという。

現在（２０２０年６月現在）は、新型コロナウイルスの影響でベトナムからの人材の受け入れが止まっているが、第一陣で選抜された７名は訪日のチャンスを今か今かと心待ちにしている。

「日本へ行くタイミングについては、日本とベトナム両国が互いに安心、安全を確認できるまで待つしかなく、もどかしいところです。現在、選抜メンバーの7名はパソナテックベトナムのダナン支店で受け入れを行っており、OJT（現場研修）で業務に近い部分を経験しています。とても優秀なメンバーなので、今後の活躍がとても楽しみですし、ゆくゆくはベンチャー企業の立ち上げなど、ダナン市の発展に貢献してほしいですね」

彼らの成長のためには惜しみなく、パソナグループのノウハウを公開する考えだ。

地場企業へ「おもてなし教育」を提供し、観光業の発展を推進

パソナグループには、「社会の問題点を解決する」という明確な企業理念がある。パソナテックベトナムは、これまでベトナムの日系企業または進出を考えている企業に対しサービスを提供してきたが、今後は地場企業に対しても採用や教育の分野で支援を行っていく方針だ。

現在は、ベトナム最大のコングロマリット（複合巨大企業集団）のグループ企業で、スーパーマーケットやコンビニエンスストアを展開している企業と連携を図り、研修プログラムの提供を行っているという。

「この企業は日本で言うところのイオングループ様のような企業です。ベトナムに住んでいる人

なら誰でも利用したことがあるでしょう。そのような企業で実績を積ませていただけることは、本当にありがたいと感じています。今後は他の小売業や観光業にも展開して、元気な企業を増やしていきたいですね。特にベトナムのエアラインは、新型コロナウイルス前はとても勢いがあり急成長していた分野でもあります。客室乗務員の方々のソフト面にはまだまだ伸びしろがあると感じており、われわれとしてもお役に立つ良い仕事ができると自負しています」

確かにベトナムの観光産業には、品質向上の点からもさまざまな課題があると言われている。特にダナン市は国内外から注目されているリゾート地であり、ホテルやレストラン事業を展開する企業も多く存在するが、行き届いたサービスが提供されているとは言い難いのが現実のようだ。

「ダナン市にも多くの五つ星ホテルがありますが、他の国と比べるとソフト面でのサービスは決して高いとは言えません。われわれのようにベトナムになじみがある人間からすればほほ笑ましいと思えることでも、観光客の立場で見ればクレームになることもよくあります。もちろん現場はがんばっておられますし、意識の高いホテルマンも多い。にもかかわらず、彼らがホスピタリティを学ぶ場がないことが残念なのです」

「だからこそ、われわれがその機会を提供していきたい」と古谷氏は言う。観光業の発展はリピート率の高さで決まる。働く人の意識が変わり、「あなたがいるからこのホテルを選びました」

と言われるようなサービスを提供できるようになれば、リピート客によって観光業界も活性化し、国の発展にも繋がることは間違いない。

MOUの締結内容に「観光促進支援」が組み込まれているのは、観光業の発展が今後の経済成長のカギを握るという将来予測があってのことなのだ。

「MOUの締結内容に、観光促進支援が組み込まれていることを不思議に思う人がいるかもしれませんが、私たちはベトナムの発展という視座で見た時に、最も教育投資の必要な分野が観光産業であると考えました。ホスピタリティ産業、いわゆる『おもてなし業』で働く人材のパーソナルスキルが向上すれば、サービスレベルが格段に向上し、観光の促進にも繋がります。ベトナムを訪れる観光客に『また訪れたい』と思ってもらうには、サービスを提供する人々が『おもてなしの心』を学び、実践するしかありません。この点はパソナグループとして独自のプログラムが充実していますので、教育カリキュラムやセミナーをはじめ、重層的な支援が可能です。

また、パソナグループでは2008年から兵庫県淡路島をはじめ、全国各地で地方創生事業を展開しています。多彩な人材を誘致し地域の活性化に繋げる取り組みです。そこで培ったノウハウも、観光都市として発展しているダナン市の企業支援に活用できるのではないでしょうか」

ネガティブな要素も新たな活路を見いだす要因にしてこそ「本物の企業」に

ダナン市と手を携え、本来であれば2020年度から地場企業への本格的な支援がスタートする予定だった。しかし、新型コロナウイルスの流行により、インストラクターと受講生が対面して行う従来の研修やセミナーは開催困難な状況が続いている。先行きの不透明感が否めないなか、古谷氏はその先を見据えて、最後にこう語ってくれた。

「今回の新型コロナウイルスのことでは、多くの企業が大なり小なりのダメージを受けたと思います。当社も例外ではありません。しかし、ネガティブな要因が際立つ環境だからこそ、新しい事業展開や価値提供の在り方について活路を見いだしていきたいのです。まずはオンラインへの切り替えや、リアルとデジタルをハイブリッドで提供する仕組みづくりが喫緊の課題です。日本国内のパソナグループでは以前からVR（Virtual Reality）を活用した研修プログラムを開発しており、2008年には仮想空間で外国人観光客への接客サービスを学ぶ『おもてなし研修』をリリースしています。今後もテクノロジーや多様な資源を取り入れながら、『社会の問題点を解決する』という企業理念のもと、グローバル人材の育成と各地の発展に貢献していきます」

そう話す古谷氏自身にも、そしてベトナムという国にも、今後も進化が止まる気配はない。

（上）パソナテックベトナム15周年記念イベント（中段右）淡路ダナンセンター開設式で（中段左）淡路ダナンセンター（下段右）ダナン市とのMOU調印式（下段左）企業向けベトナム進出セミナーの様子

ALL JAPAN 7

キャリア支援で中東地域の女性や若者の活躍を後押し

「コミュニケーション」と「成功体験」が人を変える

株式会社パデコ
経済／社会開発部

笠井千賀子

■株式会社パデコ

設立：1983年1月
本社：東京都港区新橋6-17-19 新御成門ビル5階
資本金：1億0,500万円
海外での開発コンサルティングを手掛ける。政府開発援助による開発途上国の公共事業を中心に、運輸・交通などのハード面から、教育、人材開発などのソフト面まで、幅広い分野でサービスを提供。

多分野の有機的な組み合わせによるアプローチで、開発途上国の課題に取り組む

株式会社パデコ（以下、パデコ）は、1983年の設立以来、海外での開発コンサルティングを手掛け、おもに政府開発援助（ODA）による開発途上国の公共事業を請け負う。専門分野は、運輸・交通、都市・地域開発、港湾・鉄道・道路開発などのハード面から、教育、経済・社会開発、人材開発といったソフト面まで、広範囲にわたっている。クライアントは、日本国政府および政府関連機関、地方自治体、日本のODAの実施機関である国際協力機構（JICA《ジャイカ》）や、開発途上国の政府機関、世界銀行やアジア開発銀行、米州開発銀行、国連などの国際開発援助機関から民間企業までと幅広い。インフラや人、制度、仕組みづくりを通して、総合的なサービスを提供している。

パデコには、手掛けるプロジェクトに対応してインフラ開発部、教育開発部、経済／社会開発部など9つの部署があり、その中の一つである経済／社会開発部に在籍する笠井千賀子氏は、おもに開発途上国の産業人材育成、就労支援を促進するコンサルタントとして、人を育てることを通し被支援国の発展を後押ししている。

「私が所属する経済／社会開発部では、中小企業振興やビジネス開発、ガバナンス、人材開発の分野などの仕事を手掛けています。その中で、ここ数年私は就労支援に関するプロジェクトに携わっています。私たちコンサルタントは、実際に現地に出かけていき、その国の方々と一緒にプロジェクトを実施する形をとっています」と、笠井氏は語る。

アブダビの女性起業家の誕生を支援

事業の一例が、中東地域での女性起業家を育成するプロジェクトだ。2014年から2015年にかけて、笠井氏率いるプロジェクトチームがアブダビ（アラブ首長国連邦の首長国）のアルアイン市で、起業を希望する女性を対象に起業支援研修を行った。ちなみにこの事業は、女性の失業率の改善を目指す、アブダビ首長国政府の諮問《しもん》機関から要請を受けてスタートしたものだ。笠井氏は、現地での女性の社会的な状況を考慮して、プログラムを組み立てたのだという。

「湾岸諸国の中には、まだまだ女性が外で働く機会が少ない国があります。それなら家でも仕事ができるきっかけを提供しようと、小さなビジネスのスタートアップを支援することにしたのです。起業を志す女性を対象に研修プログラムを提供し、事業アイデアの形成、事業計画書の作成、ビジネスマネジメントなどをテーマに、全20日間のワークショップを3回に分けて行いました」

カリキュラムには、フィールドワークや各自の商品を持ち寄ってのテストマーケティング、財務管理の講義など、実践的な内容を盛り込んだ。

「参加者と一緒に具体的な事業計画書を作り、現地の融資提供機関に事業計画書のプレゼンテーションをして、融資の申請や申請の準備をするところまでお手伝いしました。資金がないと、なかなかスタートアップできませんから。実際に女性の起業家が生まれた時はうれしかったです」

このプロジェクトでは、41名の参加者のうち、最終的に18名の女性起業家が誕生したという。

ヨルダンの若者の就職活動を後押し

パデコでは、若者をターゲットにした支援にも力を入れている。2017年から2020年にかけては、ヨルダンでキャリアカウンセリングサービスの質と量を向上させるプロジェクトを展開。この事業では、おもに18歳から30歳までの若年層のキャリアカウンセリングに的を絞った。

その理由は、ヨルダンの国内情勢に関係しているという。

ヨルダンは、人口970万人（2017年現在）、総人口の70％を29歳以下の若者が占めている。天然資源が少なく、周辺国の政情不安や難民の受け入れで、経済的に厳しい状況に置かれている。ヨルダンの若年層の失業率は世界平均の約2倍と高く、若者の雇用問題への取り組みが急務となっているのだ。笠井氏は、ヨルダンの社会的な風潮も、若者の失業率や離職率が高い要因だと指摘する。

「ヨルダンの若者は、親に将来の学部や仕事を決められて、その通りに生きるのが当たり前と考える人たちが多いのです。なので、その仕事が見つかるまで就職を先延ばしにしたり、たとえ親の言うとおりに就職しても、自分の好きな仕事ではなかったと気づいて結局辞めてしまったりという人が多いように感じます」

ヨルダンには「雇用事務所」という、日本のハローワークに似た機関があり、大学にも学生の就職を支援するキャリア・ガイダンス・オフィスがある。

笠井氏は、それぞれの機関のキャリアカウンセラーと、企業との連携を図る求人開拓担当者の育成に力を注いできた。

キャリアカウンセラー研修には、日本の国家資格であるキャリアコンサルタント資格で採用されている「キャリア形成の6ステップ」を使い、ガイドラインを作成してキャリアカウンセラーの能力を高める。

その一方で、企業へのキャリアカウンセリング普及のため、求人開拓担当者と共に企業を訪問して若年層が働きやすい環境づくりも目指した。

さらに笠井氏は、多くの若年求職者にキャリアカウンセリングを受けてもらうことが必要だと考え、そのための活動にも力を入れたという。

「雇用事務所とキャリア・ガイダンス・オフィスと連携をとり、合同会社説明会やキャリアガイダンス・セッションなどを実施しました。こうした取り組みにより、多くの若者がキャリアカウンセリングを利用するようになりました。プロジェクトが支援対象とした11の雇用事務所とキャリア・ガイダンス・オフィスを利用した若者は2019年には約2万8000人となり、自分のキャリアと向き合う若者が着実に増えています」

キャリアに対する若者の意識の変化に手応えを感じている、と笠井氏は話す。

プロジェクトの成功を支えるハードな生活

プロジェクトは、3年から5年と長期にわたる。コンサルタントは、基本的には日本にベースを置き、プロジェクトの期間は「出張」の形で現地に出向く。そこで数週間から数カ月の単位で滞在し、カウンターパートと呼ばれる関係者と共に事業を進めていく。ヨルダンのプロジェクトもハードなスケジュールだったと、笠井氏は振り返る。

「プロジェクト期間の3年間、私は3週間おきにヨルダンと日本を行ったり来たりしました。ヨルダンに1カ月滞在して、現地の方と一緒に仕事をする。日本に戻り、次の出張に向けて準備をして、また現地に出かける。そんな生活を繰り返しました」


現地の人と信頼関係を築き、実りのあるプロジェクトにするためには、精神的にも体力的にもタフでなければならない。穏やかに話す笠井氏だが、「プロジェクトを進める上で一番苦労したことは？」との問いについて話を聞くと、内に秘めた強さが伝わってくる。

「JICAのプロジェクト全般に言えることですが、私たちが手掛ける仕事は、日本の公的資金であるODAの事業です。このため、相手国の対象者も公的機関の方々がほとんどです。

このような国の組織では、さまざまな決定事項は上から下りてくる。末端にいる職員は、それを粛々と進めていくのが一般的な仕事の方法です。職員が自分から働きかけるという姿勢がほとんどありません」


ヨルダンは、上下関係がとても厳しい国と言われている。特に公務員は、上司に意見すると「疎まれるのではないか」という気持ちが強く働くようだと、長年ヨルダンで生活をしてきた笠井氏は話す。

「それが悪いというわけではないのですが、システムの中では、職員は受け身の姿勢ですから、『上司が気になる』『自分がやってもどうせ変わらない』という意識があります。さまざまなプロジェクト活動に関して、『一緒にやりましょう』と声をかけても、動いてくれないことが多々あり、その状況には苦労しました」

お国柄と言ってしまえばそれまでだが、人が動いてくれないという状況で終わらせなかったのが、笠井氏の力だろう。

人の成長に携わる喜びと楽しさ

ここからは、さまざまな状況を打開してきた笠井氏の考え、行動について伝えたい。笠井氏は、「コミュニケーション」と「成功体験」が大切だと語る。

「公務員の役目は、国民にサービスを提供すること。その役割を認識してもらい、『あなたたちには気力も実力もある。自分たちで取り組めることが必ずある』という話を、細かくていねいにしていくのです」

彼、彼女たちの頭の中には、できそうなこと、やれること、やりたいことがすでにある。話をしながら、そうしたアイデアを一緒に引き出していく。一つ一つは小さな活動だが、一緒に取り組みながら、小さな成功体験をつくっていくことが大切なのだという。

「僕もできる、私もできる、という成功体験が増えていくと、職員の表情も少しずつ変わってきます。受け身の姿勢から、自分も何かやっていこうという気持ちに変わり、それが態度にも現れてきます。プロジェクトが終わる頃には、『こういう計画を立てたから見てもらえないか』と計画書を見せてくれる人が出てくるまでになりました」

このように人の成長に携われることにやりがいを感じる、と笠井氏は笑顔で話す。

「今までできないと躊躇していた人が、一歩前に踏み出してできるようになる。その人たちが自分に満足している姿を見ると、とてもうれしい気持ちになります。その人たちに心のエンジンをかけるまでは大変でしたが、3年間一緒にがんばってきた甲斐があったと感じます」

現地の文化や制度を尊重することが、成功の秘訣

パデコは37年間にわたり、多くの国や地域で支援プロジェクトに取り組み、現地の人々に受け入れられてきた。その要因はどこにあるのかと問いかけると、笠井氏からは「カスタマイズ」という言葉が返ってきた。

「国や地域に合わせて、支援内容をカスタマイズしていることが、現地で受け入れられている理由だと思います。私たちの基本姿勢は、『現地の文化や制度を最大限尊重する』こと。日本の方法をそのまま持ち込まないようにしています。私たちが誇りに思っていることや良いと思っていることが、必ずしも支援の対象国の人たちにとって、最善のものであるとは限らないからです」

日本の制度の中でうまくいっていることは、一応提案として持っていく。しかし、常に心掛けているのは、日本でうまく機能している面とそうでない面を、現地のカウンターパートに率直に提示することだという。

「その上で、現地の文化や制度、環境の中で、どう料理したらうまくいくのかを、現地の人と議論します。その国や地域に合った最適な解決策を提供できるように努力しています」

一方的に日本の成功例を押しつけない、柔軟な支援体制。これが支援先で支持を受けている理由と言えそうだ。

大学の卒業生と在校生のネットワークづくりに取り組む

現地の文化や慣習を尊重してプロジェクトを展開するパデコだが、日本の方法をそのまま持ち込んで成功した例もある。

大学のOG・OB訪問がその一つだ。先に紹介した、ヨルダンの「若年層へのキャリアカウンセリング能力向上プロジェクト」では、大学のキャリア・ガイダンス・オフィスの認知度が低く、学生が来てくれないという課題を抱えていた。

どうしたら学生に足を運んでもらい、キャリアカウンセリングを受けてもらえるのか。笠井氏はプロジェクトメンバーと共に知恵を絞った。

「この時は日本の事例をいろいろと考え、思いついたのが、OG・OB訪問です。日本には、卒業生と在校生が意見交換をする機会がありますが、ヨルダンの大学には、そうした習慣がありませんでした。大学生にとって、一番身近な存在は先輩です。彼ら、彼女らの意見を聞くことができれば、自分が卒業した後の将来像を描きやすくなる。先輩の姿を見れば、『こんな仕事ができるんだ』とか『大学時代は何を勉強して、何を準備したらいいのか』と、具体的に考えることができるのではないかと考えたのです」

OG・OB訪問では、卒業生を大学に呼び、自分のキャリアや就職活動の体験談を話してもらった。在校生の相談にのったり、ディスカッションをしたりする機会も設けた。この大学初の試みに対して、在校生からは「先輩の話が聞けてすごく良かった」との反響があり、卒業生からも嬉しい感想が届いた。笠井氏は当時をこう振り返る。

「卒業生からは、『自分たちも母校に対して何かできるんだとわかった』という意見をもらいました。学生は、卒業するとあまり大学に訪れることはありません。でもOG・OB訪問をきっかけに、後輩たちにメッセージを伝えたいとか、自分が勤める会社でインターンシップを実施したいとか、母校に貢献する活動をしていきたいと言ってくれた卒業生もいて、うれしかったです」

この試みは、在校生、卒業生、キャリア・ガイダンス・オフィスの「3方良し」の結果となったようだ。

若者が将来に希望を持てるような環境づくりが国の安定化に繋がる

ヨルダンのプロジェクトは2020年4月に終了し、最終的にキャリアカウンセラーと求人開拓担当者を100人以上育てることができた。育成したキャリアカウンセラーと求人開拓担当者たちは、現在、着実に力をつけて現場の第一線で活躍している。

ところが、新型コロナウイルス感染症の影響で、現地では失業率が高まっていくのではないかと懸念されているという(2020年6月現在)。大規模なデモが行われるまでには深刻化していないものの、雇用事務所にやってきて、苦情や不満を言う若者たちが増えている、キャリア・

ガイダンス・オフィスでのキャリアカウンセリングも限定的にしかできない。そんな情報がヨルダンから入ってくる。

笠井氏は、現地の情勢を心配しつつも、このような状況だからこそ、質の高いキャリアカウンセリングが必要なのだと強調する。

「今の状況を考えると、今後ますます若者の就職支援のサービスが重要になっていくでしょう。キャリアカウンセラーと求人開拓担当者にがんばってもらって、キャリアカウンセリングのサービスをどんどん充実させ、広げてもらえればと願っています」

支援した国で新たな課題が出てくるたびに、関わった人たちの顔が浮かび、遠く離れた日本で解決策を考えずにはいられない。そんな笠井氏に、これから取り組みたいことをお聞きした。

「現地の人たちとは連絡を取り合っているので、状況を確認しつつ、協力できることはないか、対策を探っているところです。私自身、ヨルダンとの関わりが長いので、この国は第二のふるさとのような場所。キャリアカウンセリングの次の段階の、若者向けの支援を模索しています。そうしたプロジェクトにまた関われたら、と願っています」

長きにわたり、ヨルダンに貢献してきたからこその、笠井氏の言葉である。

（上）卒業生による在校生に向けた講演
（中段右）笠井氏による雇用主向けのセミナーにて
（中段左）雇用主向けのキャリアカウンセリングセッション中
（下）求人開拓担当者向けの研修にて

ALL JAPAN 8

パンの底力×日本の底力 食と人材育成で 世界を駆ける

ベトナム人パン職人を育て、自立を支援

株式会社パン・アキモト
代表取締役社長

秋元義彦

■株式会社パン・アキモト

創業：1947 年 12 月
本社：栃木県那須塩原市東小屋 295-4
資本金：3,500 万円
「おいしさと夢をお届けします！」がお客様へのメッセージ。パン屋としての原理原則（安全でおいしいパン提供）を守りながら時代の変化に即応できる体制（従業員の成長と技術革新）をとる。被災地支援を発端とした「パンの缶詰」の開発を進め、現在は「救缶鳥プロジェクト」と銘打ち、世界を股にかけた飢餓支援なども行っている。ベトナムのダナン市にて自社店舗を開店。ベトナム人パン職人の育成にも助力を惜しまない。

世界を見据えた「パン・アキモト」が生まれるまで

1947年、現社長である秋元義彦氏の父親がパン屋を創業し、今年で創業73年を迎えた。戦後の食に困っていた時代に、先代は「何か食に関することをやろうと思いつき、パン屋を選んだ」のだそうだ。創業当時は「秋元パン店」という名で少しずつパン屋の基礎を築き、秋元氏は42歳で社長に就任した。

「父の病気がきっかけの社長就任でしたが、私は就任時に父親に2つのお願いをしました。一つは、父の時代からがんばっていた技術責任者を取締役にしてもらい、家業から企業に発展させていくこと。もう一つは、社名の変更です。1965年に『有限会社秋元ベーカリー』となっていたのですが、私が引き継いだ時に、創業者の名前は残した上で、秋元パン店をひっくり返して『パン・アキモト』と変えました。海外にも思いを馳せていたので、世界に出ていける会社になりたいという思いも込めて、パンアメリカンやパンパシフィックのパンをもじって、パン・アキモトと決めました」

それが、パン・アキモトの始まりである。

阪神大震災がきっかけで生まれた「パンの缶詰」

パン・アキモトの直営店舗は、栃木県那須塩原市に2店舗。石窯パン工房「きらむぎ」がその一つである。２０００坪（約６６００㎡）を擁する敷地にゆったりと建つパン工房では、定番の焼きたてパンから、地産地消を目指した新商品までさまざまなパンを提供している。もう一つの事業の柱は、「パンの缶詰」である。１９９５年の阪神大震災の被災者の声から生まれた「パンの缶詰」は、販売開始からもう25年になるという。

「パンの缶詰」は、震災が起きた時に「パン屋として神戸の人たちにできることはないか」と、焼きたてのパンを被災地に持っていったことがきっかけで生まれた。缶詰の乾パンはあっても、固くてお年寄りや子どもには食べにくい。保存性があり柔らかいパンは作れないものか？　という被災者からの声が原点だと秋元氏は振り返る。１年間の試行錯誤の末、現在のパンの缶詰が完成した。

「パンは缶詰にしても固いのではないか？　というイメージがあったのですが、私たちは『おいしくて、なおかつ柔らかいパン』を作りたかったのです。今では『パンの缶詰は、３年たっても焼きたてのおいしさ』だと、太鼓判を押していただけるようになりました」と秋元氏は楽しげに話してくれた。

世界への第一歩は、ベトナムからスタート

秋元氏の海外への思いが形になったのは、まずベトナムだった。なぜベトナムを選んだのかを秋元氏に聞くと、ほほ笑みながらこう話してくれた。

「ベトナム人は、もちろん良い人も悪い人もいると思うが、私が接してきた人は、ほとんどが日本を尊敬してくれている。親日だけではなく、尊日を感じる。日本から学びたい、日本の良いところをもっと知りたいという人たちがたくさんいる。私たち日本人は、そう言われるとうれしいし、何よりありがたいじゃないですか。日本の近隣国は、日本をライバル視していますから、『追いつけ、追い越せ』と言います。もちろんベトナムも将来はそうなるかもしれません。ですが今は、『日本から学ぼう』『日本から良いところを学んで、国の発展に役に立ちたい』と言ってくれます」

また、ＳｅｌｆＷｉｎｇの平井社長との出会いも大きいという。東京で開催されたある会議で

平井社長から、『パンの缶詰』の取り組みが単なるボランティアではなくきちんとビジネスとして回っていて、無駄もなく環境にも良くて素晴らしい」と言ってもらえたことがとても心に残ったそうだ。秋元氏は平井社長を信頼し、「ベトナムの人をパン職人として育てられるだろうか」と相談もしたそうだ。ベトナムにはパン文化があることから、秋元氏はベトナムでも何とかパン職人を育てたいと考えていたのだ。

そして2015年に、ダナン市に日本式パン屋「GOCHI PAN（ゴチパン）」と、実習生を迎える窓口として、ベトナム子会社を立ち上げた。ベトナム人の人材教育は、ダナン市で行っている。現地には技術者である秋元氏の次男が滞在しており、入ってくる現地のスタッフにパン作りの基礎を教えている。

「現地にいる次男が、2019年にダナン市にできた日本語学校で講師になりました。授業でパンの技術を教えています。ダナン市で日本語を学ぶ人たちに、『パン屋向けの研修も受けられます。研修を受けると、日本のパン業界が歓迎します』と伝えます。もちろん日本のパン組合にも案内をして、『日本語が話せる上に、現地でパン作りの基礎を学んだ人を呼べます』と、どちらも喜ぶ布石を打っているのだという。

面接時から、パン・アキモトの教育が始まっている

秋元氏には「教育」というキーワードがある。日本とは貨幣価値の違いもあり、日本で働くことは、彼らにとって良い収入になる。しかし、それだけではなく、日本で学んだことをベトナムに持ち帰り、そこで生かしてほしいと秋元氏は語る。3年から5年、日本でパン屋の技術を学び、日本語が少し話せるようになってベトナムに帰ったとする。そこで日本の企業で働いたとしよう。少し給料はいいかもしれないが、仕事は現地スタッフと日本人との通訳しかない。

「私の希望は、せっかく日本でパン作りの技術や販売のノウハウなどを学ぶのだから、それを現地で生かしてほしいし、自分たちの国の発展に役に立ててほしいのです」と、秋元氏は熱く語った。

研修生の面接では、ダナン市にいる次男と通訳が一緒に、パン・アキモトの主たる目的を伝えるそうだ。

「お金を稼ぎたいだけであれば、大手の企業に行ってください。大手企業に行けば、アキモトのような小さな会社で働くよりも良い収入は得られるかもしれないし、境遇もいいかもしれない。

しかし、それだけではない、『心やミッション・パッションを学ぶのにはアキモトはいいですよ』と。パン・アキモトの目的は「教育」なのだ。

また、すでに入社しているベトナム人にも面接に同席してもらう。そして彼らが日本で何を学んだか、良かったこと、つらかったこと、経験者として後輩に伝えたいことを話してもらうそうだ。

「私たちの考えている人材育成は、押しつけではなく、日本のこともパンのことも、それ以外のことも、多くのことを学んでほしいと考えています。もちろんベトナムには独自の歴史や文化がありますから、日本と全く同じことをやれとは言いません。しかし、日本で学べることを一つの事例として、ベトナムに持って帰って生かしてほしいのです。そして、日本人の気質も知ってほしい。時間はかかるかもしれないけれど、国は違っても心と心の繋がりが人を豊かにすることも、共に働く中で知ってほしいと願っています」

これがパン・アキモトのスタンスなのだ。

昨年、秋元氏にとって、とてもうれしいことがあった。2019年2月に、日本での研修が終わりベトナムに帰った研修生が、ハノイでパン屋として独立したのだ。

「私たちにとっては感動でした。GOCHI PANをダナン市に造った時に、1期生としてパン・アキモトに入り、半年間ダナンで研修して日本に来た子です。3年がたった時に、彼は『妻子がいるのでハノイに帰る』と言って、帰ってしまいました。私は、日本でせっかく学んだものをどうするのかと心配していましたし、残念にも思っていました。ところが、驚いたことに、彼は密かに奥さんとパン屋の建築の準備をしていたのです。彼はまだ日本語の勉強が不十分で、ニュアンスのくい違いがあったのか、うまくこちらに伝えることができなかったようです。次男は、彼の店のオープンを応援しました。設計や中古備品の購入の手伝い、オープン前の1週間は、GOCHI PANから人手も送りました」

これこそが、秋元氏が望んでいたこと。こんな人材をどんどん育てていきたいのだという。2020年に入ってからも、日本とダナン市とをオンラインで結び、ベトナム人の面接を進めている。本来は秋元氏がベトナムに行き、現地でベトナム人を面接する予定だったが、新型コロナウイルスの影響で遠隔での面接になった。現在は3期生までの面接が終了している。

「パンの缶詰」がリスクヘッジとなる

2020年に入って起こった新型コロナウイルスの影響は、もちろんパン・アキモトでも大きく受けている。国内では、直営店が一つ閉店になった。栃木県は比較的、感染者の数は少ないほうだったが、アウトレットモール内にお店があったために、一斉閉店となったのだ。また、本店に関しては、営業時間を短縮した。それでも子どもの学校が休みになったことで、仕事を休まなくてはならない社員が増え、シフトに支障が出たそうだ。

「これは大変なことになると思ったのですが、その瞬間に『パンの缶詰』の注文が急増したのです。最初は何事かと思ったのですが、買い物に行けない方々が保存食としてご注文くださっているということがわかってきました。6月中旬までにいただいたご注文では、2カ月待っていただかないと納品できないという状態でした。

想像もしていない事態でしたが、一つ落ちたけれども一つ上がって、そういう意味では経営は安定しています。『パンの缶詰』の売り上げが上がったことが、経営のリスクヘッジになりました。また、感染者の少ない栃木県と沖縄県、そしてベトナムに工場があることも、リスクヘッジになっているのです。新型コロナウイルスの流行を通してパン・アキモトを見てみると、このリスクヘッジがあったがために生き延びていることを今では確信しています」

秋元氏は、アフターコロナに向けて、これまでとは違うやり方、違う製品開発に着目しているそうだ。直営店の「きらむぎ」には、子ども向けの公園きらむぎ広場がある。今回そこにドライブスルーコーナーを作った。コロナ騒動があったからこその発想である。「障壁があり、もうダメだとなっても、諦めないで何としても生き延びると決めた時に、アイデアが出てきた」と秋元氏は話してくれた。

もちろん、すぐに成功するかどうかは誰にもわからない。だが、秋元氏は継続することによって、新たな風景が見えてくることを知っているのだ。

世界に羽ばたく、パン・アキモトのこれから

ダナン市に住むベトナム人のお母さんたちは、GOCHI PANのパンが大好きだという。日本の良い素材のパンが、一般の人が買えるような価格帯にしてあるので、好評なのだそうだ。『アンパンマン』のキャラクターのパンや、カレーパンなどは大人気だという。パンの中に肉も野菜も入っている惣菜パン。1個を食べれば食事の主役になるパン。秋元氏がGOCHI PANを造った時に、パンが食事の添え物ではなく、主役になることをベトナム人に知ってほしいと願ったパンを、今では生産できるようになったのだ。

また、パン・アキモトとして新しいチャレンジも続いている。

「従来の『パンの缶詰』は、パンの中にジャムやクリームが入っているものが多かったのですが、惣菜の缶詰パンの試作を続けています。惣菜パンや、ピロシキの缶詰。ネーミングや、どういうプロジェクトで進めていくのか、それはまだこれからですが、楽しみにしていただけるとうれしいですね。まずは日本で、そしてまた海外にも持っていけたらと考えています」

さらに、将来は「パンの缶詰」をアメリカで製造したいという夢もあるそうだ。あくまでも日本で作ったものを輸出という形で売るのではなく、アメリカ現地で生産するという意味だそうだ。アメリカでパンを買ってもらうには、メイドインUSAでなければダメだということが、わかってきたのだという。

「私は学生時代アメリカにいたことがあり、ロサンゼルスに日本人の同級生がいます。実は、その彼の自宅に『パン・アキモトUSA』を置いています。現在はまだペーパーカンパニー状態ですが、ようやくサンフランシスコであるベーカリーさんに出会いました。そして、そちらのパン工場の一角にパン・アキモトの設備、缶詰を巻き締める機械を貸して、試作をしてもらっています」

その夢のための現地法人だ。試作を重ね、アメリカ人が喜ぶ「パンの缶詰」もいずれ完成するだろう。

秋元氏は、2~3年のうちに社長職を息子に譲ろうと決めている。

「ありがたいことに、息子を含め、社員がどんどん育ってきました。今の私の立場を任せていくことになります。2年後の本社工場の建て替えをきっかけに、長男を社長にと考えています。長男はアメリカにいた経験もあり、次男はベトナムでがんばってくれています。今後はアジアも含めて、もっと展開していくことになるでしょう」

秋元氏は続ける。

「私はすでに67歳で、後継の人材を応援していく立場になりました。会社のことは息子たちに任せて、私自身の立ち位置の模索が始まります。今後は健康に留意すると同時に、インターナショナルな経験をどんどん語っていきたいですね」

世界を舞台に、パン・アキモトと、秋元氏の挑戦はまだまだ続く。

（上）「パンの缶詰」は世界の子どもたちに届けられる
（中段右）いくつもの味がある「パンの缶詰」
（中段左）ベトナム・ダナンにある、日本式パン屋「GOCHI PAN」
（下）秋元社長、パン・アキモト直営店「きらむぎ」前にて

ALL JAPAN 9

「信用ビジネス」にフォーカスし世界でチャンスをつかめ！

日本が得意な分野で新興国を支援し、相互発展に繋げる

株式会社ブレインワークス
代表取締役

近藤 昇

■株式会社ブレインワークス

設立：1993年12月
本社：兵庫県神戸市中央区三宮町1-4-9 ワコーレ神戸三宮ビル5階
資本金：2億9,140万円
中小企業の経営課題（業務改善、情報共有化、情報セキュリティ対策、社員研修など）に取り組む。ベトナムなど新興国へ進出する企業・起業家支援をする。

20年を超えるベトナムでの現地事業経営で日本と世界を繋ぐ

株式会社ブレインワークス（以下、ブレインワークス）は、１９９３年の創業以来、中小企業・ベンチャー企業の経営支援に取り組んできた企業だ。事業創造、海外進出、情報共有化、情報セキュリティ対策、業務改善、社員研修などを中心にして、同じ経営者の視点でペースメーキング（伴走）をモットーに課題解決を図るサービスを提供している。最大の強みは、経営を取り巻く環境の劇的変化にも適応できるＩＣＴ（情報通信技術）を導入し、活用できる組織構築を支援している点である。創業期よりオンラインを活用したビジネスを推進しており、この取り組みは国内はもとよりグローバル化にも十分に対応して成果を出す革新的ソリューションとして確立しており、現在も自ら多種多様なオンラインでの活動を実践している。

一方で、創業後間もなく自らがベトナムに進出し事業創造してきた。以来20年以上、海外の現場で経営の実践も続けている。４年前にはルワンダにも現地法人を設立しアフリカ事業も開始した。アジアやアフリカなどの新興国エリアへの進出を考えている日本企業に対し、海外でビジネスを推進するために必要なサービスを提供している。クライアントに対して経営の水先案内人として道標を示してきた。そこには日本が抱える課題解決に通ずる支援策も多く含まれている。例えば、その一つとして日本の地方ビジネスと新興国の地方ビジネスを人的交流をもとに繋いできた。「現地で実際に事業をしてきた経験の蓄積があるからこそ、現地の旬な情報の提供もでき、課題もよくわかる。もちろん、語ることのできる失敗談もある」と代表取締役の近藤昇氏は語る。

日本経済の発展が頭打ちとなっている昨今、世界経済はすでにアジア抜きではありえない時代に入っている。周囲に目をやれば先進国を尻目に、中国・ASEANは急成長を遂げている。であるならば「日本企業は海を渡り、新興国でチャンスをつかむことができる時代である」と近藤氏は確信を込めて語り、こう続ける。

「新興国においての事業推進は、日本の強みである『信用ビジネス』にフォーカスしてチャンスを生かすべきだと思う」

新興国ベトナムの進化と現状

ブレインワークスは、創業期から海外で事業を展開しているが、特にベトナムでの活動実績は豊富で多岐にわたる。同国では、地方都市を含めて5カ所に拠点を持つ。ベトナム現地では海外に進出してくる日本の中小企業を支援し、人材採用から社員教育、販路開拓なども実績として積み上げている。それに加えて、ベトナム人の経営する企業に対する支援実績も豊富だ。

ベトナム経済は1986年に提起された「ドイモイ政策」で方向転換を果たした。南北統一以来10年続いた社会主義路線を見直して産業政策をとり、市場経済を導入。工業化と貿易拡大が急速に進んだ。ベトナム統計総局が発表した2019年の実質GDP成長率（推計値）は、前年に続いて7％台の高成長を維持。ベトナムが近代化・工業化し、目覚ましい経済発展を遂げている様子は、戦後の日本や近年の中国が急成長してきた姿にも被る。経済の発展を続けるベトナムは「ドイモイ政策」の影響から、第一次産業の農業でも輸出大国に成長した。具体的に見てみると、米の輸出量はインド、タイに続き世界第3位で、なんと世界輸出量の14％を占めている。かつて米の輸入国だったベトナムが、である。

農業国であるベトナムの人々は、もともと自給自足で暮らしていた。近代化・経済発展とともに、ベトナムの人々の生活は大きく変化した。その影響として、都市部と農村地域では経済格差という歪みも生まれているという。人口も増え続け、ＡＳＥＡＮではインドネシア、フィリピンに次ぐ第3位。世界から見ても有望な市場として注目の集まる国となったことも「かつては考えられなかったこと。感慨深い」と近藤氏は語る。

ちなみに、本書籍の著者であるSelfWingの平井社長とも、ベトナムに進出した20年前に出会ったのだという。当時の平井社長は、教育分野、教育事業について学び、視察を繰り返していた。その頃から20年近くの月日を経て、このほどベトナムのダナン市で創業。

「平井社長との20年前の出会いからここまでを思うと、お互いに同じ国でビジネスを続けており、本当にうれしい。ベトナム人の人材教育について何度も語り合ったことも、今ではいい思い出です」

ベトナム人の起業教育「理不尽な経験も、自身を我慢強くする糧になる」

ブレインワークスがベトナムに進出した際、現地で採用したベトナム人の社員教育からスタートした。当然ながら日本人とは習慣も環境も違い、それまで積み上げてきた日本での社員教育スキルは全く通用しない。

「ベトナム人の社員教育は、日本の中学生に関わるような感覚がいいとわかってから、いくらかは気持ちがラクになった。細かく言えばキリがないほど大変なことばかりで、理不尽だと感じる部分もあった。20年前だから、まだ教育が何たるか自体も相手に伝わらないし、普通ならきっと諦めていたはず」と、ベトナムに進出した当時のことを振り返る。

では、どうして近藤氏はベトナムで事業を続けられたのだろうか。

「これに関して言えば、私自身の幼少期の経験が影響している。もともと徳島県の農家の出身。幼い頃から農家の働き手として扱われていた。厳しくて甘えさせてくれない父親が嫌いで、『親としての愛情はないのか？』と子ども心に思ったこともあった。しかし今となっては父親のおかげで、我慢が利く大人になれたのだ」

大人になって、好きなことをして生きていけたら、それが理想ではある。しかし、会社を起こせば実際はそうもうまくはいかない。

「もしも子ども時代に過保護に育てられていたら、大人になってから理不尽だと感じることばかりだろうと思う。そのほうが不幸だし、結果的には父親に鍛えられた」

しかし20年以上も海外で仕事をしていると、日本はもっと新興国に学ぶべきだと改めて感じるようになったという。日本人が改善すべき点も、気づかなければいけない点もたくさんあると。

「結局のところ現場で実際に人と関わりながらやっていくべきもの。そこでしかわからないこと、得られないことも多々ある」

ベトナム現地のビジネス――ICTエンジニアを育成し、世界に寄与できる人材を輩出

ブレインワークスのベトナム現地のビジネスとして、2007年からICT（情報通信技術）エンジニアの人材育成事業を行っている。まずホーチミン市に教育施設として「Southern Global Business Joint Technology」を現地企業と合弁で設立した。当時のベトナムにおけるICTエンジニア育成の先駆けである。多くの若者がこの教室で学び、日本企業の現場で活躍するようになった。

そこから10年以上の歳月が流れ、2019年3月26日に国営の職業訓練・斡旋機関カントー・ジョブセンターとの協業でカントー市に「Southern Global Business Joint Technologyカントー校」を開校した。カントーはベトナム南部メコンデルタ地域の南西に位置した中央直轄市（政府が直接統治を行う市）である。「Southern Global Business Joint Technologyカントー校」では、カントー市を中心としたメコンデルタ地域でICTを学ぶ若者に対し、日本語、ビジ

ネスマナー、さらなるＩＣＴのスキルを習得できる機会を提供している。６カ月間のカリキュラムがあり、すべてのカリキュラムの課程が終了すると、日本やベトナム現地でのＩＣＴ関連企業へ就業する。このＩＣＴエンジニアの人材育成事業に関しては、カントー以外の地方都市への展開も計画しているという。「ベトナムの若い世代は、本当に優秀。ＩＣＴのスキルも高い」と近藤氏も期待する。

今後の「Southern Global Business Joint Technology」では、ＩＣＴにとどまることなく、建築やデザイン分野に教育分野を広げていく予定もある。ベトナムのさらなる発展に寄与できる人材育成と発掘に、さらに力を入れていく。

アフリカ・ケニアにおける「建築技術者の育成」への期待

アフリカ・ケニアにおける株式会社ブレインワークスの事業展開についても触れておきたい。ケニアはここ数年間で急速な経済発展を遂げており、東アフリカ地域のＧＤＰの40％以上を担う国となった。東・中央アフリカの経済、商業、物流の中心国として栄え、首都ナイロビを中心に、近代化した鉄道、港、空港、地熱発電所の開発も大きく進んでいる。

２０１９年11月に日本貿易振興機構（ＪＥＴＲＯ《ジェトロ》）が公開した情報によれば、東アフリカ・ケニアの人口は、2010年と比較すると約900万人も増加して約4756万人、ナイロビの現在の人口は約440万人で、ケニア総人口の9%を占める。ケニアの目覚ましい発展とともに、ナイロビには急激な人口流入が生じているが、人々が安心して暮らせる住居の供給がいまだ追いつかない現状があるようだ。その原因の一つが、熟練した建築技術者の不足と考えられている。

そこでブレインワークスとしては、2017年にJICA《ジャイカ》(独立法人国際協力機構)が募集した「中小企業海外展開支援事業~案件化調査」において、ケニア現地での建築技術者の育成を目指す「住宅建築における安全化、省エネ・省資源化、衛生化へ向けた産業人材育成のための案件調査」を提案し、採択された。

近藤氏は一級建築士の資格を持つ。そして、ブレインワークスのグループ会社には「株式会社MRSブレイン(一級建築士事務所)」もある。グループとして建築分野でも実績も豊富だ。採択された提案により、今後は日本の製品を中心とした、安全かつ省エネ・省資源で衛生的な住宅ユニットの導入、建築技術者研修プログラムの作成、質の高い住宅の普及を目指し動いていくことになる。まだまだ具体的な検討が必要だが、国内外で手掛けてきた人材育成を軸にしたサービス提供の経験と実績をもとに、熟練した技術者の人材育成に取り組んでいく。

「ケニアの現地の人々が、安心して暮らせる住宅建築を担う責任は大きいが、同時にケニアやルワンダの明るい未来を考えるとうれしい気持ちも大きい」

日本企業が新興国で貢献できることはたくさんある

近藤氏は日本企業や日本人が新興国で事業をすることについて次のように述べる。

「日本やアメリカのように、すでに経済の右肩上がりが終わったいわゆる先進国での起業は、窮屈であると言わざるを得ない。一方で、ベトナムのようなこれからの国では、リスクもあるが可能性も大きい。だから日本でもチャレンジしたい人や企業が、あちらこちらにいる」

そして、今、自ら手掛けるブレインワークスの新興国事業について、「ベトナムでは20年以上をかけて経営者のネットワークの構築や地方都市の振興などのお手伝いをさせていただいた。その経験を生かして、これから海外進出を考えている企業や人を応援していきたい。日本と新興国エリアを繋ぐブレインワークスの使命を果たしていく」と語る。

「ベトナムやアフリカなどの新興国は、これからの国。日本が戦後の経済発展の過程で経験してきた良いことも悪いことも伝えられる。日本人が貢献できることはたくさんあるのではないか」と続け、新興国の発展のために日本人が寄与できる可能性を示唆した。

若いうちから生涯をかけて筋を通せる「ライフワーク」をイメージする

近藤氏は日本国内での起業についても言及する。

「日本の起業家教育については、大きな時間の単位で見れば、またどこかで反転するとは思う」と現状を悲観していないことを前置きした上で「日本でも起業家教育をして、起業する人を増やしたいと考えてはいるが、これは時間がかかる。極端な言い方かもしれないが、日本で起業する人を増やすには、この国の支援のあり方を変えなければならない。もしかしたら自分が生きている時代では実現は難しいのかもしれない」と日本の教育のあり方について述べる。

さらに日本人のリタイア後のシニアライフについても一貫した考えを持つ。

「日本では会社を60歳で退職して、慌てて何かをしようとする人がいる。間に合わないわけではないが、できれば50歳とか40歳とか、もっと言えば小さい頃から、70歳になったら何をするのかをイメージできるといい。生まれて物心がついてから人生をまっとうするまで、途中は何をしてもいいから、何か一つでも筋を通せるような『生涯教育』が大切だと感じている」

それを実現するために、今の日本の教育環境の整備に危惧を感じている心情を吐露する。

「経営者としての現役の間に実現できるかどうかはわからない。だとしたら、これまでの自分の経験を活かして、生涯のライフワークとして貢献していきたい」

自然教育環境を創出する〜グループ会社「株式会社自然産業研究所」の活動

今後ベトナムで展開する計画の、ブレインワークスグループである株式会社自然産業研究所（以下、自然産業研究所）が手掛ける自然教育についても聞いた。

自然産業研究所は、もともと近畿大学のグループ会社のベンチャー企業で、２０１９年6月に信頼する友人からの紹介で引き取ったという。

自然産業研究所は、自然資源を大切にする農業・漁業・林業などの産業を創出して活性化し、「環境と経済が両立できる持続可能な地域社会」を実現するミッションを掲げている。現地の調査分析から始まり、実際に事業の実践経営までをサポートする。プロフェッショナルの集まる企業だ。人類が誕生して以来、人間は農業や漁業などの自然を産業化して生活してきた。それを「自然産業」として捉えた、日本で最初の会社であると近藤氏は自負する。

幼少期から土に触れ、生き物に触れて豊かな感性を育てる

近藤氏は、既出のとおり徳島県の農家の出身。

「田舎の大自然の中で育ってきたせいもあるのか、私の根底にあるのは、幼少期から土に触れ、生き物に触り、感性を豊かに育て、多くの学びを得ること」と、自身の子育て論について話す。

「子どもは自然の中で育てることが一番だと考えてきたはずなのに、実際のわが家の子育てでは、場所の選択を誤ってしまった。人工島で子どもを育ててしまい、ある時、何とか自然の中に引っ張り出そうとして、『山に行こう』と言えば『虫がいるから嫌』と言われ、『田舎に行こう』と言えば『あんなに汚い不潔なところは嫌』と言われた」と笑う。

ブレインワークスグループで自然産業研究所を預かった縁の意義も含め、「今後は『自然産業』の分野で世界中の子どもたちを巻き込んで、社会に貢献していきたい」と抱負を語る。

さらに「すでに子どもたちはインターネット環境の中にあり、ＩＣＴの操作も十分にできる。世界の子どもたち同士で繋がり、自国・地域の自然についての語り合いを共有する場所をウェブ上につくるだけでも、きっと何かが起こる」と子どもたちの創造性に期待を寄せる。

「例えば、われわれの子ども時代には、ザリガニを採るのにカエルの足を餌にした。では、ルワンダではどんな生き物が川にいて、それをどうやって採るのだろう？　そんな話をしてシェアし合うだけでもいい。お互いの交流ができれば、子どもたちは自然の中での過ごし方やあり方を見つめ直し、気づきも生まれるはず」

近藤氏がこの先に考えているのは、子どもたちのための「感性創造塾」の創設である。世界の子どもたちがお互いの気づきをもってコミュニケーションを図り、自身の中に深めていく場所をつくっていくプランは、すでに近藤氏の心のうちにある。

教育の成果はすぐには出ない。結果が出るのは、もしかすると100年先、200年先になるのかもしれない。近藤氏は、今後創設を検討している「感性創造塾」に関して、「塾を卒業した子どもたちのうちの何％に成果が出たのか」などと問われたら、それは論外である、と語気を強くする。今は、ただただ「自然に触れて学ぶ機会を、世界中の子どもたちにどんどん増やしてやりたい」と気持ちを語った。

自然産業研究所の専門家たちが指導にあたる「自然教育」の実現に期待したい。自然を体験し、楽しみながら子どもたちの感性が知らず知らずのうちに磨かれていく。今後の近藤氏と自然産業研究所の動きに注目である。

ビヨンドコロナの時代こそ、日本の「和」の文化を世界へ

「ワーケーション」という言葉をご存じだろうか。「ワーケーション」とは、通信技術が進んだ結果、可能になったワークスタイルのことで、「ワーク」と「バケーション」を合わせた造語である。リゾート地や観光地で休暇を取りながら、リモートワークで働く形態のことを指している。ちなみに「ワーケーション」は、コロナ禍で注目された在宅でのテレワークやレンタルオフィスでのリモートワークとは区別される。

「ワーケーション」という言葉を知り、漢字を当ててみた。ワーケーションの「ワ」に「和」や「輪」を当てはめる。すると、どのような印象を受けるだろうか。日本に備わる豊かな特性がうまく表現できているように感じるのではないか。

近藤氏は日本の文化について、「まだ十分理解しているとは言えない」と前置きをした上で、「日本の『和』を生み出すためには、自分のことよりも他人の幸せを願う利他の精神が含まれていると思う。日本人特有の持ち味の、この『和』の心を世界に広めることは、とても大切だと感じる。また、何か目的があり、それを複数人で成し遂げようとする時、人はうまく『チームワーク』を

とろうとする。けれど、日本の『和』は、その『チームワーク』を超えていくのではないか」と、世界で長く事業をしている近藤氏自身が、『和』の文化について日頃から感じていることも語る。

現在のコロナ禍について、「さまざまな施策には、日本の『和』の精神が生きている」と近藤氏は言う。

「今後、我々が生きていかなくてはならないのは、共に生きていく『ウィズコロナ』の時代であり、新型コロナウイルス感染症を超越した『ビヨンドコロナ』の世界である」とし、海外で仕事をする身でありながら、コロナ禍でベトナムやアフリカの現地入りできなかった現状を聞かせてくれた。

「コロナ禍では、飛行機に乗ってベトナムやアフリカの現地に飛ぶことはできなかった。だが実際のところ、感染症拡大による緊急事態宣言下で、現地にいなくともオンラインで繋がれば、十分に仕事のできる環境にあることに改めて気づいたことも事実」

オンラインでのリモートワークは、感染リスクもほぼない。だから確実にオンラインでのビジネスは今、広がりを見せている。距離と時間を超えて、現地に行かずとも繋がれることを知り得た今、これまでとは違った側面からアプローチするビジネスの可能性も出てきた。ＩＣＴをより有効に使い、日本人の『和』に始まる強みと、個々の持つビジネスセンスを生かせれば、ビヨンドコロナの時代も、日本から世界を目指すことは可能だ。

「世界はすでに繋がっている。ビヨンドコロナの世界では、これまで海外事業に踏み出そうとしてもなかなかできなかった人も企業も、オンラインを通じて現地での活動を始められる大きなチャンスが来ている」

ブレインワークスグループおよび近藤氏は、日本人起業家の世界での活躍を支え、新興国への貢献を今後も続けていく。

（上）ベトナムの Southern　Global Business Joint Technology カントー校 開所式
（下）ルワンダ現地法人のブレインワークスアフリカの社員たちと撮影

ALL JAPAN

10

「ミズノヘキサスロン」でベトナムの子どもたちを笑顔に

持続可能な社会に向けた貢献とビジネス展開に人生をかける

ミズノ株式会社
アジアグローバルセールスマネジャー

森井征五

■ミズノ株式会社

創業：1906 年 4 月
本社：大阪府大阪市住之江区南港北 1-12-35
資本金：261 億 3,700 万円（2020 年 3 月 31 日現在）
日本の大手総合スポーツ用品メーカー。「より良いスポーツ品とスポーツの振興を通じて社会に貢献する」という経営理念のもと、社会課題の解決を起点とした新たなビジネスを創出しながら、ＳＤＧｓ（持続可能な開発目標）の実現に貢献している。

「ええもん、つくんなはれや」創業者の遺した精神と歩む115年

ミズノ株式会社（以下、ミズノ）は、2021年に創業115年の節目を迎える。創業者である水野利八氏が、弟である利三氏とともに「水野兄弟商会」を創業したのは1906年のこと。野球の試合を見て得た感動を多くの人と分かち合いたいという思いから、運動用品の販売をスタートさせた。数年後には、野球用のグラブやボールの製造販売も始める。日露戦争終戦後間もない混沌の状況下にあったにもかかわらず、スポーツ産業を聖業として生涯の仕事にしようと事業を始めることは、当時の状況を鑑みると非常に画期的な出来事であったと推測される。その創業者精神は着実に引き継がれ、企業価値はさらに高いものとなった、とアジアグローバルセールスマネジャーの森井征五氏は語る。

「創業者である水野利八は、非常に崇高な志の持ち主でした。水野利八は『ええもん、つくんなはれや』や『利益の利より道理の理』という言葉を遺しています。お客様にとってええもんを作り、利益よりも道理を優先したビジネスを通して、スポーツの振興に力を尽くし、その結果としてスポーツの市場が育ち、それが巡り巡って、事業収益に繋がるという考え方は、創業から今に至るまで変わることなくミズノグループの全社員に受け継がれています」

ミズノは現在、第二の創業期を迎えている。

「スポーツ、野球という枠組みからスタートした会社なので、競技者や運動をする人向けの商品開発と販売を中心にビジネスを展開してきました。しかし、日本では少子高齢化で競技者人口自体がだんだん右肩下がりになっていることを背景に、競技者以外の方に向け、私たちがこの100年以上培ってきたスポーツ用品開発のノウハウ、強みを別の形で生かしてビジネス化し、社会の健全な発展に貢献できるような事業を進めることになりました」

その一つが「ミズノヘキサスロン」の開発だということを、森井氏が教えてくれた。

ベトナムの子どもたちをリサーチし、プログラムを提案

まずは、ミズノの海外活動拠点について触れておこう。ミズノの海外拠点は、主要な国やリージョンを中心に全世界に点在している。アジアリージョンでは、およそ6年前からシンガポールに販売拠点を構えており、インドネシア、フィリピン、マレーシアなどにビジネスを展開している。ベトナムやカンボジア、ラオスでの事業展開を検討するなか、ベトナムでのマーケットリサーチを担当したのが森井氏だった。

「2014年からベトナムに行き始め、ベトナムの人口やトレンド、どんなスポーツが盛んなの

か、初歩的なリサーチを始めました。出張は1回につき1カ月から1カ月半ほど。現地の人と触れ合いながら、販売代理店を探しに行きました」

ベトナム滞在中、森井氏にとって大きな転機となる出会いが訪れた。

「縁あって、教育訓練省の大臣を務められた当時の副首相にお会いできたのです。その方のご厚意で、ベトナムの小学校の体育の授業を見学させていただいたのですが、そこで見たものは、笑顔一つなく、楽しくなさそうに授業を受けているベトナムの子どもたちの姿でした」と森井氏は振り返る。

2015年当時、ベトナムの義務教育期間における体育の授業時間は、先進国に比べ非常に少なく、運動プログラムも画一的で、スポーツの基本動作の要素が十分に考慮されていないことが課題となっていた。ベトナムの小学校の校庭はコンクリートで造られ、とても狭い。子どもたちが屋外で思い切り走るような運動はできなかったのだ。その影響からか肥満気味の子どもが多く、子どもたちの運動不足は社会問題でもあった。

「楽しくなさそうな子どもたちに衝撃を受けつつも、私は同時に弊社で開発した子ども向けの運動遊びプログラムを提供することができるのでは、とビジネスの可能性を感じました。しかし、ビジネスの実現には、ベトナム教育行政のトップから現場の先生にまで賛同いただく必要があり、その時点では高い壁が立ちはだかっているように感じていたのです」

文部科学省「日本型教育の海外展開推進事業」のパイロット事業に採用

当該事業を進める上で、国内外はもちろん社内でさえ賛同をなかなか得られず、心が折れそうになったこともあったという。そんな時に、森井氏に支援の手を差し伸べたのが文部科学省だった。2016年、文部科学省の推し進める、日本型教育の海外展開推進事業の「パイロット事業」として採用されたのだ。

この事業で採用されたのが、「ミズノヘキサスロン」だ。ミズノが開発した子ども向け運動プログラムで、スポーツを体験したことがなく運動が苦手な子どもでも楽しく、遊び感覚で「走る」「跳ぶ」「投げる」など、基本的な動作を自然と身につけられる運動遊びメニューと運動能力測定を組み合わせたプログラムとなっている。「ミズノヘキサスロン」に必要な用具は、ミズノが独自に開発した安全性に配慮した用具で、ベトナムの小学校の狭い校庭でも、遊びながら「走る」「跳ぶ」「投げる」など多様な動作を習得することが可能だという。

子どもの発達段階に合わせてプログラムが構成されており、ベトナム教育訓練省とベトナムの初等義務教育　学習指導要領附則ガイドラインに採用され、「ミズノヘキサスロン」を導入するべく取り組みがスタートしている。

「ミズノヘキサスロン」は、①25m走 ②25mハードル走 ③立ち幅跳び ④エアロケット投げ ⑤エアロディスク投げ ⑥ソフトハンマー投げの6種目を計測する「スポーツテスト」および、これら種目を混合し作成した遊びプログラムから構成されている。

「ミズノヘキサスロン」を使用して運動すると、ベトナムの狭い校庭でも通常の体育授業と比較し、約4倍の運動量になることが実証済みだ。ベトナムでの事業展開は、文化や慣習、ビジネスに対する価値観の違いもあり、想定外だらけだと森井氏は言う。

「最初のトライアル授業で、ベトナムの子どもたちが満面の笑みで楽しんでくれたのです。あの心底楽しそうな笑顔を見た瞬間、これはいけると確信しました」

現在、「ミズノヘキサスロン」を指導できる教員育成の取り組みも始まっている。

「ベトナムで5000人指導教員を育成します。教員にはベトナム政府よりサーティフィケート（証書）が与えられています。今後もベトナムの子どもたちに、『ミズノヘキサスロン』を通じて、スポーツをする楽しさや喜びをお届けしたい。私の好きな言葉に『男子は生涯一事を成せば足る』というのがあります。私はベトナムにおいて『ミズノヘキサスロン』普及を、ビジネスマン人生の『一事』にしたいです」と森井氏は強い瞳で語ってくれた。

一生忘れない「ベトナム初等義務教育への採用と導入に関する協力覚書」締結の日

「ミズノヘキサスロン」の公教育への採用と導入に向けた日々は、経験したことのない障壁に直面し、試練の連続だったという。

「私は、仕事において真の楽しみは、苦しみの中にこそあれと考えています。まさにそれをベトナムという地で、仕事を通して体感させていただきました。なかでも、2018年9月17日の出来事は忘れられません」

この日、ミズノとベトナム教育訓練省は、「ミズノヘキサスロン」をベトナムの初等義務教育新学習指導要領に採用し、プログラムの導入と定着に向け協力覚書締結に向け合意した。

「ベトナム政府との交渉は、常に想定通りには進みませんでした。その覚書を締結する式典では、何度も前提条件が覆り、式典開始2時間前になっても教育訓練省の副大臣様が本当にお見えになるのかはっきりせず、肝を縮めました。私は、式典の約3週間前からベトナムに滞在し、事前に念入りな準備をしていたこともあり、心が折れるというか、本当に心が粉々に砕け散るような思いにかられました」と森井氏はその時のことを振り返る。

結果的にベトナム官僚の方をはじめ、多くのベトナム人スタッフに手を貸してもらい、無事に式典を終えられたことはとても感慨深く心に残っているが、同時に、この事業を推進する中で最も苦しいと感じた出来事でもあったそうだ。

100年後のベトナムのために

そうした思いを踏まえスタートした当該事業は、今年で6年目を迎える。多くの人たちのサポートにより、全く何もないところに蒔いた種が芽を出し、伸び続けている。

「ベトナムの体育の授業には、3つの『ない』があると感じています。1つ目はまず時間が少『ない』。2つ目は学校の運動場にスペースが『ない』。そして、生徒に笑顔が『ない』が3つ目です」

そこで提案されたのが、時間がなく狭い場所でも十分に楽しめ、効果をもたらす運動プログラムの「ミズノヘキサスロン」である。

「良いものはどんどん取り入れてもらい、まねしてもらえばいい。『ミズノヘキサスロン』も、どんどん使ってもらいたい」と森井氏は語る。明治維新後、後進国であった日本も欧米諸国と並ぶために、他国の良いものをどんどん吸収し取り入れ、それを発展させることで、自国の国力を上げてきたからだ。

「模倣する時期が早いか遅いかはありますが、それで国家の優劣が決まるわけではありません。日本は素晴らしい、日本型の教育はいいと、ベトナムの方たち、とりわけ子どもたちに思ってもらえたら、ぜひ模倣して使ってもらいたい。そして、彼らが大きくなった時に、ベトナムにしかないものを日本に持ち込み提案してほしいのです。それらをアップサイクルしながらお互いに補完していけば、さらに良い国家間の連携が生まれると信じています」

運動場のスペースが少ないベトナムでは、運動する楽しみや、身体を動かす喜びを子どもたちに体感させる機会があまりない。「ミズノヘキサスロン」の導入と定着により、子どもたちが原体験でスポーツの楽しさを体感することができたなら、彼らが大人になるプロセスの中で、運動やスポーツの楽しさ、おもしろさがどんどん彼らの文化に浸透し、それが成熟していくだろう。近い将来、世界的なスポーツの大会で、ベトナムの選手が大活躍するのが当たり前の光景になるかもしれない。

「この事業が、そのような素地づくりの礎《いしずえ》になってくれることを強く願っています。『ミズノヘキサスロン』はベトナムにとってもビッグビジネスになる可能性があり、携わるスタッフはそこを目指して日々尽力していますが、描いたビジョンへの到達にはまだ時間がかかりそうです。ですが、私たちが強い気持ちで取り組み続けることで、50年後、100年後のベトナムの子どもたちも『ミズノヘキサスロン』を笑顔で楽しみながら使ってくれることに繋がるかもしれないと考えると、諦めることはないですね」と森井氏は力強く語ってくれた。

イノベーターのDNAを受け継ぎ、一人でも多くの子どもを笑顔にしたい

このような画期的で新しい日本型の教育を海外に輸出することは、創業者・水野利八氏が生涯をかけて挑戦し続けたことと類似しているという。今、普及させようとしている事業が、50年後や100年後の常識になっている可能性が大いにあるからだ。これこそが、イノベーション（革新）の本質なのではないだろうか。それまでになかった目新しい取り組みを始めることは、周囲から賛同を得にくく、時に変わり者扱いされることも少なくない。かつて天動説（地球中心説）が優勢な時代に、それを覆す地動説（太陽中心説）を唱えたコペルニクスがそうであったように、イノベーター（革新者）にとってのステップの一つかもしれない。だが偉人として後世に名を残すのも、やはり彼らのようなイノベーターなのだ。

事業を進める上で、自分は絶対にこれをやり抜くんだという強くて太い芯を持つことは、とて

も重要だと森井氏は断言する。その芯があるからこそ、誰もしようとしなかった「他国の教育に日本型教育を導入し定着させる」ことに挑戦することができたのだ。

「現在、日本のミズノには約2000人の社員がいますが、この考え方を社員全員に賛同してもらうことは難しいでしょう。ですが、この事業が革新の端緒となり、挑戦することがさらに社員に、とりわけ若い世代に浸透していくことを願っています。ミズノには優秀な社員がたくさんいますから。水野利八の精神から生まれたイノベーターのDNAをさらに浸透させ、日本国内だけでなく世界レベルで持続可能な社会貢献に繋がるビジネス、SDGsビジネスをどんどん展開する会社になればいいと考えています」

一人でも多くのベトナムの子どもたちに、スポーツの楽しさを知ってもらうこと。それにミズノが貢献できること。その貢献を持続可能なビジネスとして成立させ、定着させること。この3つに賭ける狂気が、今の森井氏を支えている。

話を聞く中で、森井氏は何度も周囲への感謝の言葉を口にした。

「感謝の気持ちと謙虚な姿勢を忘れず、ベトナムの子どもたちへの愛情を胸にこれからも邁進《まいしん》します」と力強く語る森井氏もまた、素晴らしいイノベーターの一人である。

（上）「ミズノヘキサスロン」に参加する子どもたち （右下）子どもたちが安全に使えるオリジナル用具・エアロケット、エアロディスクなど （左下）子どもたちは、すべてに興味深そうに取り組んでいる

ALL JAPAN

11

「未来の教室」がつくる未来の日本式教育

経済産業省の挑戦「未来の教室プロジェクト」

経済産業省　商務・サービスグループ
サービス政策課長（兼）教育産業室長

浅野大介

■経済産業省 商務・サービスグループ サービス政策課 教育産業室

設立：2017年
業務内容：教育サービス産業振興と学校ＩＣＴ環境の整備推進。
「未来の教室プロジェクト」
さまざまな個性を持つ子どもたちが未来をつくる当事者（チェンジメイカー）になるための教育環境づくりプロジェクト。学びのSTEAM化、Ed Techによる自学自習と学び合いスタイルの導入、STEAM学習コンテンツが集結したSTEAMライブラリーの設置、学校教育現場のICT環境整備、学校と社会の連携促進、新しい役割を担う教員の育成等に取り組んでいる。

経済産業省が考える「未来の教育」と学びのSTEAM化

経済産業省サービス政策課内に教育産業室が設置されたのは、２０１７年のことである。サービス政策課はさまざまなサービス業を所管し、それらにまつわる総合的な政策や事務統括などを行っているが、特に教育産業室では「未来の教室プロジェクト」と銘打って、公教育のＩＴ環境づくりに携わっている。公教育と関係のなさそうな経済産業省が、なぜこのプロジェクトを担うようになったのか。商務・サービスグループ　サービス政策課長で教育産業室長を兼務する浅野大介氏に聞いた。

「所管するサービス業には、塾やフリースクールなどの民間教育サービス業も含まれます。未来の教育を考える時に、公教育と民間教育サービスがどれだけ手を取り合えるかは、重要なポイントです。学びの壁を壊し、重なる部分をさらに増やすべく経済産業省での取り組みがスタートしました」

現在、ＡＩ時代の未来社会をつくる人材の育成が注目されているが、学校教育を変える必要があると浅野氏は言う。

「現在や未来の社会の課題を知らない子どもたちに、どうやって未来の姿をイメージさせるのでしょうか。私自身は、入省後にようやく社会が抱える課題や、自分がこの職業を通して取り組む課題は何かを知りました。学生時代は時間があったのに、社会の表面的なことしか知らず、もったいないことをしたと思います」

起業家教育事業も注目されるが、これはスタート時期が重要で、大学生からだとほぼ手遅れだという。日常の遊びの中で「イノベーションの種」になるものを見つけ、形にすることを習慣化できるかが鍵を握るからだ。その点でも、日本の教育の在り方を根底から変えることが必要とされ、さまざまなプロジェクトが進んでいる。その一つが、「未来の教室プロジェクト」なのだ。

「未来の教室」のビジョンには、プロジェクトの柱となるものが二つある。

一つ目が『学びのSTEAM化（学際研究化）』だ。STEAMは、サイエンス（Science／科学）、テクノロジー（Technology／技術）、エンジニアリング（Engineering／工学）、アーツ（Arts／教養・人文社会）、マセマティックス（Mathematics／数学）の頭文字をとった造語。児童生徒が文理を問わず必要な教科知識と専門知識を身につけた上で（＝知る）、課題発見と解決の試行錯誤（＝つくる）に取り組むために必要な能力を、学際的・総合的に学習していく教育手法である。

プロジェクトをつくることや、世の中の不思議を解明することに取り組むとなると、理科系の知識は絶対に必要になる。半面、理科系の知識だけだと社会の構造はわからない。社会を理解するためには、文系学問的な分野の知識や理解が欠かせない。

そしてそれらを解決するには、豊かな想像力や創造力を育てることが必要になるため、アーツ（Arts／教養・人文社会）の学びが加えられたのだ。

もう一つの柱は『学びの自立化・個別最適化』。認知の特性や学びのペースに個人差があるのは自然なことだが、現在の教育はその点に対応しきれていない。それを可能にするのがこの柱だ。これらの実現には、教師と子どもたちが一人一台パソコンを所有するなど、整ったＩＴ環境を確保することが必須になる。疑問点をインターネットで調べる作業。調べたことをプレゼンテーションや文章にする作業。情報を誰かとシェアし、ディスカッションする作業。これらのどれをするにも、整ったＩＴ環境は欠かせない。その実現に向け『ＧＩＧＡスクール構想』が発案、令和2年度の補正予算に組み込まれた。

「現状、日本の学校環境のＩＴ環境は悲惨です。国策として改善すべきと考え、ＧＩＧＡスクール端末補助事業に着手しました。文部科学省と経済産業省が予算面等で連携し、最初の改善はすべて国費負担で行います」

このプロジェクト実現に向け着々と準備を進めていた時に、予想外に一気にニーズが高まる出来事が起こる。COVID-19（新型コロナウイルス感染症）の出現だ。通学が困難になったことで、学校のIT環境整備が急務となったのだ。『GIGAスクール構想』がなければ、どうなっていただろうか。

「Ed Tech（エドテック）」が変える、未来の教育

学校教育の中でデジタル環境が整うと、まず教室が変わる。日本のオーソドックスな「一律・一斉・一方向型授業」のスタイルが姿を消し、子どもが一人一台パソコンを持つスタイルがスタンダードになる。だがそうなっても子どもたちは孤独にならず、居場所や時間の制約を受けることもない。それは、「Ed Tech（エドテック）」を使うからだ。

「Ed Tech」とは、Education（教育）とTechnology（テクノロジー）を掛け合わせた造語だ。テクノロジーの力を活用し、デジタル教材を駆使して学習ログを残す。そのデータを解析し、個人のペースに合わせて確実に前進する自学自習スタイルの実現を可能にする。懸念されるコミュニケーション面も、「Ed Tech」によりカバーされる。

「『Ed Tech』では、教え合い学び合う授業スタイルが中心になります。教師が一斉講義をする

場面は減り、子どもたちのコーチをする場面が増えます」と、浅野氏が説明してくれた。

教師が子どもたちの疑問点に対応し、彼らのモチベーションアップに注力する役目を担うことで、指示を一度で理解できない子も、周囲より学びの理解が早い子も、おのおののペースに合わせた学びが可能になるというわけだ。

また、外部講師を招いて授業をする際に、講師たちが教えた内容を子どもたちが理解できるように解きほぐす「翻訳者」としての役割も教師が担う。予定調和ではない環境で、教師自身のチャレンジは格段に増えるだろう。だが、その教師の姿を子どもたちに見せてほしいと浅野氏は言う。教師の背中を見て子どもたちが学ぶのだ。

「教師の役割は形を変えますが、重要な存在であることに変わりありません。むしろ、従来とは違う役割として重要度が増すといってもいいでしょう」と浅野氏は期待を寄せる。

「Ed Tech」の導入は、不登校の子どもたちにも大きく影響すると考えられ、すでに検証はスタートしている。

「保健室登校の子どもたちに端末を与え、自分で学習計画を作成してもらいました。小学校低学年から不登校の子は相当数おり、彼らの学びも止まっていたのですが、この機会を得たことで、全体の10％の子どもたちが激変しました」

その内容はこうだ。学習ペースは子どもが自分で決めて進めていく。子ども自らが学びをデザインするのだ。教科書の勉強はもちろん、大学の力を借りて社会の事象を考えるプログラムにも取り組む。例えば、最先端の物流のメカニズムから、物流に隠れている科学や技術を知るというものだ。教育介入の仕方を変えれば、不登校の子どもたちを相当数救える可能性があるという。

授業時間の余白に「キャリア教育授業」を検討

もう一つ、標準授業時数の改革も検討されている。標準授業時数というのは、学年ごと、教科ごとで定められている授業時間数のことだ。決められた範囲を一通り授業するというのなら、授業時間の改革は実現可能だと浅野氏は言う。

「知識のインプットにテクノロジーを使えば、時間短縮が可能です。標準授業時数は子どもたちの学びのペースはもちろん、教師の授業への思いにも大きく影響していると私は考えています」

公教育の枠組みを変えることで、新たに生まれる余白がある。その余白はどう使うのだろうか。時間短縮による圧縮で生まれた時間には、キャリア教育授業の実施が検討されている。例えば、農業が抱える課題を機械やテクノロジーを使って解決する。競技スポーツのチーム強化戦略を、データとプログラミングから考える。東南アジアの水や食料、大気汚染などの社会課題解決を、テクノロジー面から考察する、などだ。

「これを実践するとなると、授業時間の使い方を変える必要があります。例えば午前中はドリルをして、午後はアクティビティや探究の時間にする。前日に取り組んだ課題を、今日みんなでディスカッションして文章化するなど、授業時数にとらわれることなく、必要な学びに時間を使えるようにするのです」と浅野氏は説明し、マネジメントできる教師の育成も視野に入れていることを明かした。

「日本型教育システムは、昭和のモデルから令和のモデルに転換が必要です。しかし、これまでの教育で教えられてきた、気遣いや思いやり、衛生管理、礼儀なども日本の教育の強みです。子どもたちが大きな声であいさつするのは、これまでの教育があってこそ」

一方で、自分で課題を設定し、その解決に向けて情報収集をし、集めた情報を整理、分析して発信することは日本人が最も苦手とする傾向があるとし、今後はその強化に力を入れることを明かした。この分野は、民間のデジタル教材が進化していることから、学校教育への導入も検討されている。

教育の輸出が変える「未来の教育」

「Ed Tech」で成果を出している日本企業の海外進出をサポートすることは、経済産業省が今後力を入れたい分野だ。

「現地に足を運ぶことももちろんですが、私がスピーカーとして参加する国際フォーラムには、企業にも同行していただいたりします。海外での展示会開催、モデル校設置等にかかる出店費用の支援も検討中です」

日本の小さな市場を奪い合うよりも、世界で市場を伸ばす方が経済的効果は大きい。日本のIT環境の整備にはまだ時間がかかるため、その間に海外進出、展開を目指す計画だ。教育分野で活用できる技術を持つ日本のテクノロジー系ベンチャー企業の開発サポートも行う。とはいえ、政策の本命は、日本の人材投資現場である学校の在り様を変えていくことだと浅野氏は断言する。

「海外で一定の成果が出せれば、逆輸入という形で日本の教育現場に導入される可能性が広がります。それを見据え、すでに海外でインフラを築いている企業の力を借りることも考えています」

さらに、勉強とスポーツは類似していると浅野氏は言う。

「例えば、いくらチームの方針を整えても、選手一人一人の自覚がないチームは一定程度以上強くなれません。各選手が自覚を持ち、きちんと基礎練習や個人トレーニングに取り組み、継続することでチームは強くなる。それは勉強も同じ」

なぜその練習をするのか、その目的を理解することで自覚が芽生える。目的がわからないまま練習ばかりやらされた結果、ドロップアウトしてしまう人は珍しくない。その視点が決定的に欠落しているのが、今の日本教育の弱点で、それはキャリア教育にも言えることだという。

「教師がキャリア教育とは何かを理解できていないので、授業内容がどんどん抽象的・観念的になり、子どもたちに伝わりづらくなっているケースがある。その現状を鑑み、まずは子どもたちに、あなたが実際に取り組む社会の課題はこういうことだよ、とわかりやすく示していきたい。その入り口となるのがキャリア教育です」と浅野氏は語る。

キャリア教育で伝えるべき本来の意味にとても近かったプロジェクトとして、徳島商業高校の生徒が取り組んだプログラムを紹介しよう。

カンボジアのプノンペンが抱える交通渋滞問題を解消するため、生徒たちは現地へ行き、数学者と物理学者にサポートしてもらいながら探究したという内容だ。

研究者と生徒が合宿し、「なぜ渋滞が起こるのか」を考えるところからプログラムはスタート。渋滞学の第一人者である西成活裕教授（東京大学先端科学技術研究センター）の研究室の協力も得た。

カウンターで利用車数を明らかにし、プログラミングを使う。信号設置や、ラウンドアバウト（環状交差点）の必要性など工学的な視点から問題を捉え考察したのだ。

そんな中で「そもそもプノンペンの人たちの交通マナーが悪すぎないか。歩行者のジェイウォーク（交通規制や信号を無視して横断すること）をやめさせるために教育を変える必要がある」と指摘した生徒がいた。インフラの整備と同時に教育の整備をやっていかなければ効果がない、と高校生が提案したのだ。

「これこそが文理融合のＳＴＥＡＭの学びで、このバランス感覚が必要だと思うんです。プロジェクト参加前は、数学は自分の人生には関係ないと思っていた生徒もいたでしょう。でも、この渋滞学のプロジェクトに参加し、どういう時に数学の知識を使うのか、なぜ数学を学ぶのかが明確にわかったという反応がありました。このようにリアルを目の当たりにしてアタマがフル回転することで、将来のイノベータとして芽生えるはずです」と学生たちの成長に喜びを隠せない。

「未来の教室プロジェクト」が与えてくれたこと

浅野氏にとって、「未来の教室プロジェクト」は大きなチャレンジだったという。

「役所の中で起業をしたようなものですから、このチャレンジで経済産業省が越境を経験できたことはとても大きいです」

多くの事業者、学校関係者が携わる「未来の教室プロジェクト」。プロジェクト内でコミュニティができ、企画が進められている。さまざまな業界で活躍する改革者たちとの接点ができたことで、実現へのスピードは加速した。

「皆さんがプロジェクトに参加し手を貸してくださったことで、可能性の入り口はさらに広がり、加速しました。とても感謝しています」

新型コロナウイルス感染症は今もなお、全世界で猛威を振るっている。

しかし、国民が引きこもり生活を強いられたことで、弱点だった教育現場のＩＴ環境改善が進んだ。この先も、いつ分散登校や休校になるかわからない緊張感の中で過ごすことを考えると、子どもたちの学びを止めないためにも、いつでもオンライン学習に戻れるよう、ＩＴ環境を整備し続ける必要があるのは明白だ。

また、さらに強毒性のあるウイルスが出現した場合を考えると、今回の環境改善はプラスだったと言えなくもない。

「自粛生活はしんどいことが多い。ですが、大変なことの中にもプラスの面は必ずある。こういう時こそ『ピンチはチャンス』を教えていくのが、大人と教育現場の役割なのではないでしょうか」と浅野氏。

現在も「未来の教室」ではさまざまなプロジェクトが進められており、学校休業対策やEdTech導入補助金事業、オンラインキャラバンキックオフなどが展開されている。

２０２０年は、政治から教育現場のＩＴ環境を整える機会を得た年だと言えるだろう。これを機に、子どもたちと日本教育の未来をさらに輝かしいものにするべく、経済産業省の挑戦はこれからも続いていく。

特別寄稿

新たな時代における生涯学習の仕組みづくりを共に

株式会社ブレインワークス　代表取締役　近藤　昇

私はベトナムでいろいろなことを学んだ。もちろん、私は日本人なので、日本の教育、日本の文化、日本の習慣などが染みついている。また、少しは子どもの頃の躾《しつけ》も今に生きているかもしれない。

その私が、大人になって働くようになって、やがて起業してすぐにベトナムでビジネスをするようになった。海外ビジネスはベトナムが初めてではなく、それまで中国や韓国などの経験はあったが、ベトナムでは現地法人を構え、ベトナム人社員を雇った。

経営者として社員を雇うとなると、自然と社員教育を始める。実際、日本で起業してからもそうで、設立後数年で社員が一気に100人になった時、初めて社員教育の必要性を痛感した。それからの20余年、社員教育のことを考えなかった日はないと言っても過言ではない。そして、社員教育に人一倍力を注いできた自負はある。

しかし、それが成果に結びついたかと言えば、いまだもって答えは出ていない。まだまだ試行錯誤中。社員教育を一言で表すならば「とにかく難しい」。

日本人の社員教育でも難しいのだから、さぞかしベトナム人の社員教育は難しいだろう、とほとんどの日本人がそう思うはずだ。ベトナムに進出したばかりの頃の私もそう思っていた。実際、ベトナム人の社員は日本人の同世代と比べて皆子どもに見えた。例えば、新卒のベトナム人社員は中学生ぐらいに見えた。

また、日本でのパターンがことごとく通用しない。時間は守らないし、納期を守る意識も低い。チームワークなんて理解させるには不可能だと思った時期もあった。その時、知人から「ベトナム人に対して教育なんてやめたほうがいい。砂漠に水をまくようなものだから」と言われたことを今でも覚えている。

その言葉にムキになったわけでもなく、そもそも「できない」と言われると燃えるタイプでもあり、それからも根気よく教育を続けてきた。そんなある時、ふと、気づいたのである。

——ベトナム人も日本人もどの国の人も同じである。同じ人間である。

その時以来、私の教育に対する考え方は明らかに変わったと実感している。今から振り返れば、それは15年ほど前のことだ。実際、そのタイミングで教育用テキスト制作の構想が始まった。

もちろん、教育についての考え方は千差万別だ。経営者の間でも意見が異なる。「ベトナム人に日本人的な教育を行うことができれば、日本人の良さも理解できる」「いや、ベトナム人の教育などは無駄である。子どもの頃からの躾の問題だ」「今の日本人はベトナム人に刺激を受けるべきだ」などなど。この議論は尽きない。

話は変わるが、私は今でもよく日本人とベトナム人経営者の両方にこういう話をする。〈ベトナム人の赤ちゃんを日本で育てる。日本人の赤ちゃんをベトナムで育てる。そうするとどうなるだろうか?〉

例外はあるにしても平均的には日本で育ったベトナム人は日本人らしく、ベトナムで育った日本人はベトナム人らしく成長するだろう。これにはあまり異論がないのではないかと思う。どちらが良い悪いではなく、教育の本質を知るヒントになると考えている。

本書の著者である平井由紀子さんと知り合ったのはもう20年以上前のことである。その時は「子どもに起業家教育をしている経営者」として紹介いただきお会いした。私はその当時、起業したばかりでありながら、大人の起業家支援事業も開始していたので、起業家教育にはとても関心があった。ただ、私の経験と知識不足などもあり、正直、子どもの起業家教育の価値があまりわかっていなかった。

それから月日は流れ、数年前にベトナムで教育ビジネスを検討する学習塾の社長と話していた時、共通の知り合いである平井さんの話題になった。ベトナム中部の都市ダナンで教育ビジネスをしようとしていることを知った。私は、早速SNSで連絡を取った。再会を喜ぶと同時に、お互いの教育話に花を咲かせ、共通点を見いだすようになった。

おそらく平井さんも私も20年近く前にお会いした頃ときっと何も変わっていない。変わったとしたら、私が子どもの教育についてベトナムでの経験によって気づいたことが数多くあり、その結果、平井さんの考えや取り組みをいっそう理解ができるようになったという点であろう。

すでに述べたように、私はベトナムではビジネス教育、言い換えれば、産業人教育に取り組んできている。今はアフリカなどにも展開している。今後も新興国の産業教育をオンラインを駆使して展開しようと計画している。その中で、子ども時代の教育の重要性や必要性を改めて痛感してきた。

自分の子どもの頃のことは棚に上げるしかないが（笑）、私もいつかは子どもの教育で何か始めたいと思っている。

平井さんは本書でも述べているように、子どもの教育におけるエキスパートだ。なかでも子どもの自立、生きる力の醸成に長《た》けている。そんな平井さんが今、ベトナムで幼稚園教育を手掛けている。おそらくこの再会は神がつくられた必然であり、この先、お互いに連携していく運命なのだろう。

地球との共生や個々の自立、そして国を超えた新たな時代における生涯学習の仕組みづくりのお手伝いができればと思っている。

日本が新興国において人材教育で貢献する時、大切な視点について最後に触れておきたい。日本人はともすれば新興国の人を上から目線で見たがる。教育についても勘違いが起きやすい。日本の教育のやり方や内容を押しつけてしまう。特に、産業人材育成の分野では顕著で、今でもそういう勘違いをした日本人は多い。

また、子どもの教育についてもそうである。やはり、原点は相手が望むことに沿ってお手伝いすることが重要だ。

今、ベトナム人の経営者や富裕層も海外生活経験者が増えている。そうでなくても、インターネットの発達で先進国の情報は手に入る。自然と日本などの国の良さも研究して理解している人も増えている。

だから彼らにはわかっている。「今のベトナムの良さも欠点も」。その欠点を補うために日本の教育は有効で価値がありそうなこともよく理解している。

あとは、日本がその期待に応えられるか、という点に尽きる。新興国の人々と共に新しい教育を共創していく姿勢こそが望まれるだろう。

このような試行錯誤を繰り返しながら、今のベトナムにより適した教育ノウハウが生み出されていくのだと思う。

もちろん、その過程で、日本人自身が気づき、学ぶことも多いだろう。それを日本の教育にも取り入れていく柔軟な姿勢も大切だろう。まさに、教育におけるリバースイノベーションの発想である。

おわりに

ベトナムで創業以来、日本とベトナムを毎月往復する日々が続いていた。2020年の夏には、チャーター機でダナンへ飛ぶ予定だった。予測不能な不確実な時代、それを今、実感している。変化は起こるべくして起こるのだと思う。今回思わぬ時間を得て、仕事を、そして自分自身を見直す時間ときっかけをもらった。

キャリアをスタートさせる前から、そしてスタートしてからも、外国は常に身近なものだった。ボーダーレス・グローバルと言われて久しく、私はそのチャンスを享受して、飛行機に乗って行けるところまで行き、同時に多くの物や情報も世界中を駆け巡った。

そうして私は大学院で「早期起業家教育」というライフワークに出会ったのだ。偶然というにはあまりに大きなターニングポイントで、これは必然だったのかもしれない。

私には、教育の輸出入と「早期起業家教育」の2つを通じて、見たい世界がある。大きく言ってしまえば、「争いのない世界」だ。争いが起こる原因は多くあると思う。その中で、「お互いの思想や文化の違い」「働く場がないゆえの貧困や差別」が起因している争いを、私たちは歴史から学び、現在も同様に続いていることを知っている。

教育はそれぞれの国の思想や文化の大事な根幹だ。相手の国に最大限の敬意を払いながら、お互いの教育を輸出入することで、お互いの国の考え方や違いを子どもの頃から理解できる環境がつくれる。優劣ではない。相互に学び、融和し、より良いものに昇華していく。理想論かもしれないが、やり続けることが大事なのだと思う。

そして失業、特に若年層の失業の問題は、多くの国で長く続いている。もし、自分自身を、自分の家族を、そして自分たちの国を支える新しい仕事や産業を生み出すことができ、将来への不安がなくなれば、「隣の人や国を殴ったり、そこから奪おうとはしない」と信じている。「余れば、隣人と分ける」「足るを知る」。これも日本人のDNAにある誇るべき教育だと思う。

「早期起業家教育」とは、「子どもの時から新しいものを創造できる資質を育成すること」と、もう一つ「早期、つまり思い立ったら実行してみる」という大人への想いも込めている。誰でもが自分のアイデアで自分の仕事をつくれること、そして全く新しい価値観と働き方を考えること。

今、その舞台は世界中にある。どんな状況でもチャレンジを続けられる。「SDG's」にも、多くの希望が示されている。私は自分の与えられたライフワークを通じて、誰でもが、いつでも、どこでも、世界中の最良の教育にアクセス可能になり、自分たちの手で仕事をつくり出せることで、貧困や差別がなくなる。

そして、争わない世界を見たいと思う。

こうして改めて文章にしてみると、自分が今、ここでこの仕事をしている意味を知るとともに、どれほど多くの人たちに支えられ、大きな風を送ってもらって、ここまで飛んでくることが可能だったかを再認識することができた。そして抱えきれないほどの感謝の気持ちで満たされている。

献辞

2000年、2016年と日越で創業し、SelfWingは20年、人間でいうところの成人式だ。この区切りの年に本書に取り掛かることができたことは、次のステップへの準備だと思う。この機会に、SelfWingを支えてくださった日本中の地域の皆さん、参加してくれた子どもたち、会社の全メンバー、研究をご指導くださった先生方、そしてすべての関係者の方々に、心からの感謝を伝えたい。その支えがあってこそ海外を目指すことができた。

そして、ベトナム・ダナンで私を受け入れてくれた多くの方々、パートナーのユン、ユンのご家族や全ての本部スタッフ、園長、副園長、保育士、幼稚園のスタッフたち、給食の担当、保健の先生、お掃除の方、守衛さんたち、「SELFWING V-Garden」の教育・カフェのスタッフ、この人たちの誰一人が欠けても、今、私はこうしていない。

さらに、ダナンの子どもたちに「SELFWING V-Garden」での教育の機会を与えてくださった、スポンサー企業の方々、日本で、そしてベトナムで保育士やスタッフに惜しみない愛情を注ぎ研修をしてくださったコマームの小松君恵先生、繭の糸の辻村あい先生。日本にベトナム人保育士を招聘《しょうへい》してくださった文京学院大学の島田昌和理事長にも、心から感謝している。また、自身でもベトナムの子どもたちに小学校を寄付され、いつでも身をもって手本を示してくださった昭和女子大学の坂東眞理子理事長・総長の在り方は、常に目指すべきロールモデルとなってくださっている。

最後に、良い時もそうでない時も、いつも支え続けてくれた家族にも、この機会に心からの感謝を伝えたいと思う。

本書を出版する機会をくださったブレインワークスグループの近藤昇社長、ご多忙のなか、インタビューに応じてくださった皆様、そして出版・編集に関わってくださった関係者の皆様に心からの感謝を申し上げたい。

〈SELFWING V-gardenのスポンサーの皆さま〉

平井 由紀子　ひらい・ゆきこ

SELFWING VIETNAM CO.,LTD.CEO
株式会社セルフウイング 代表取締役
学術博士（若年層の起業家教育）

早稲田大学商学部在学中にアメリカに留学。早稲田大学卒業後、留学関連企業を経て、アメリカの教育ベンチャー日本法人でマネジングディレクターを務める。その間、早稲田大学大学院アジア太平洋研究科に社会人入学。早稲田大学発ベンチャーとして2000年に株式会社セルフウイングを設立、2008年、早期起業家教育にて中小企業庁長官表彰を受ける。2011年、日本で初めて早期起業家教育の研究で博士号を取得。2016年、SELFWING VIETNAM CO., LTD, を設立。
http://www.selfwing.co.jp/

staff

執筆協力／戸田美紀（エクセルライティング）
中川恵子、遠藤美華
岡田淑永、浜崎輝
増田英己子、本池静枝
カバーデザイン／山田ミユキ
本文デザイン／齋藤彩子
校正／竹田賢一
DTP／藤原政則（アイ・ハブ）
編集／入江弘子

日本の教育、海を渡る。

生きる力を育む「早期起業家教育」と歩んで

2020年10月31日　第1刷発行

著　者　平井由紀子
発行者　佐々木紀行
発行所　株式会社カナリアコミュニケーションズ
〒141-0031　東京都品川区西五反田6-2-7
TEL 03-5436-9701　FAX 03-3491-9699
http://www.canaria-book.com

印刷会社　シナノ書籍印刷株式会社
© Yukiko Hirai 2020 Printed in Japan
ISBN978-4-7782-0470-9　C0034

＊定価はカバーに表示してあります。
＊乱丁・落丁がございましたらお取り換えいたします。
カナリアコミュニケーションズ宛てにお送りください。
＊本書の内容の一部あるいは全部を無断で複製・複写（コピー）をすることは、
著作権上の例外を除き禁じられています。

カナリアコミュニケーションズの書籍ご案内

2019年1月28日発刊
定価 1300 円（税別）
ISBN978-4-7782-0445-7

日本人として世界に挑む

安田 哲 著

日本の素晴らしい文化とサービス、技術を世界に伝え日本ファンを増やすために、立ち上がる。

海外進出に失敗し、学んだ大切なこと。それは海外進出の第一歩は日本の歴史を学ぶこと。

海外での商談は日本人の強みを認識して臨む。

日本でしかつくれないサービスで勝負する！

シンガポールで活躍する著者の熱いメッセージ！

2018年3月15日発刊
定価 1400 円（税別）
ISBN-978-4-7782-0417-4

新興国の起業家と共に日本を変革する！

近藤 昇 監修
ブレインワークス 編著

商売の原点は新興国にあり！

新興国の起業家と共に日本の未来を拓け !!

新興国の経営者たちが閉塞する日本を打破する！

ゆでがえる状態の日本に変革を起こすのは強烈な目的意識とハングリー精神を兼備する新興国の経営者たちにほかならない。

彼ら・彼女らの奮闘に刮目せよ !!

地球と共生するビジネスの先駆者たち

ブレインワークス 編著

地球温暖化などで地球は傷つき、悲鳴を上げている。

そしていま地球は環境、食糧、エネルギーなどさまざまな問題を抱え、ビジネスの世界でも、待ったなしの取り組みが求められる。

そんな地球と対話し、共生の道を選んだ 10 人のビジネスストーリー。

その 10 人の思考と行動力が地球を守り未来を拓く。

2017 年 9 月 20 日発刊
定価 1300 円（税別）
ISBN978-4-7782-0406-8

「アフリカ」で生きる。 —アフリカを選んだ日本人たち

ブレインワークス 編著

最後のフロンティアと言われるアフリカ。

アフリカ大陸で働く日本人から学ぶ、どうしてアフリカだったのか？

青年海外協力隊、NPO 活動、NGO 活動、ボランティア活動、起業、ビジネスなどでさまざまな日本人が遠く離れた、まさしく日本の裏側、アフリカ大陸での生活はどんなもの？　貧困や感染症は？

アフリカのど真ん中でお寿司屋さん？

宅配便ビジネス？

日本人がタイ料理レストラン？

イメージ通りのアフリカと知らなかったアフリカがここにあります。

2017 年 4 月 20 日発刊
定価 1400 円（税別）
ISBN978-4-7782-0380-1

カナリアコミュニケーションズの書籍ご案内

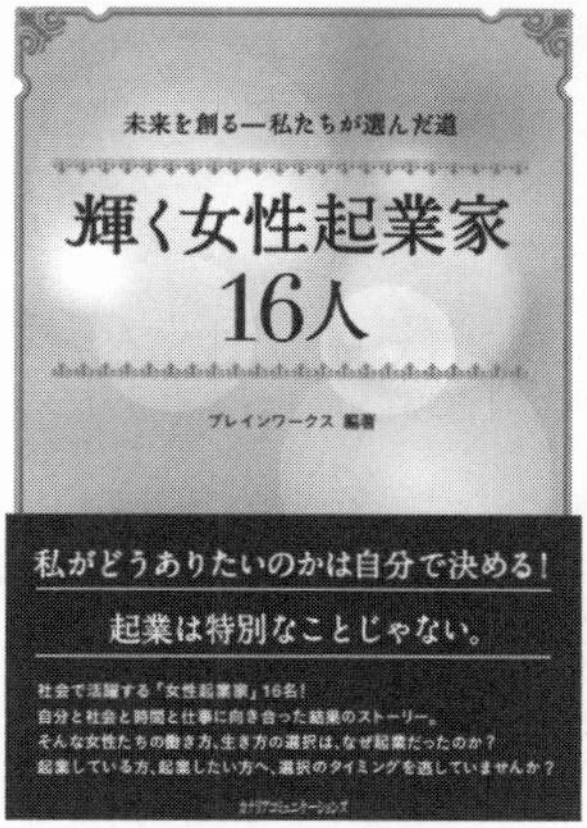

輝く女性起業家 16 人

ブレインワークス 編著

私がどうありたいのかは自分で決める！ 起業は特別なことじゃない。


社会で活躍する「女性起業家」厳選 16 名！

自分と社会と時間と仕事に向き合った結果のストーリー。

そんな女性たちの働き方、生き方の選択は、なぜ起業だったのか？

起業している方、起業したい方へ選択のタイミングを逃していませんか？

2017年10月15日発刊
定価 1300 円（税別）
ISBN978-4-7782-0412-9

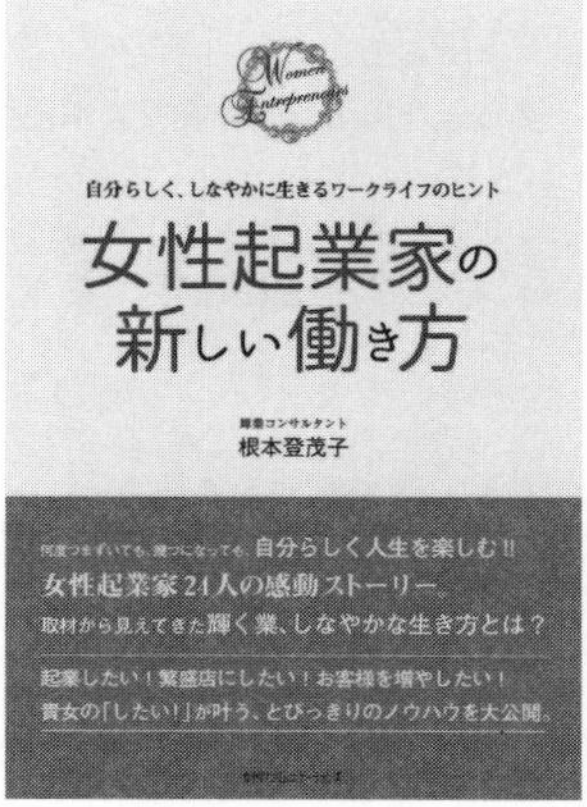

女性起業家の新しい働き方

根本登茂子 著

何度つまずいても、いくつになっても、自分らしく人生を謳歌したい！

年齢や職種、地域を越えた 30 代から 80 代の女性起業家 24 人の感動ストーリー。

取材から見えてきた彼女たちのキラリと輝く業、しなやかな生き方とは？

さらに起業スタイルの見つけ方、夢をカタチにするヒント、繁盛店になる秘策など即実践できるノウハウや女性起業家への支援体制、ビジネス成功へ導く実例を紹介しています。

起業したい女性、起業して悩み多き女性への応援メッセージの一冊です。

2018 年 4 月 11 日発刊
定価 1300 円（税別）
ISBN-978-4-7782-0421-1

カナリアコミュニケーションズの書籍ご案内

2018 年 7 月 30 日
定価 1300 円（税別）
ISBN978-4-7782-0437-2

女性起業 はじめの一歩と続け方

ブレインワークス 編著

「女性の働き方改革」「人生 100 年時代」と言われ、女性に限らず雇用関係や、働き方の多様性の可能性が広がりつつあります。

特に顕著なのは、女性起業の活発さではないでしょうか？

起業は特別でしょうか？　どんなリスクがあるのでしょうか？

本書では、20 代やさまざまな年代から起業を志した 16 名の女性起業家に立ち上げのきっかけや、続けていく秘訣など、そして輝きつづける極意などご紹介していただきました。

2018 年 7 月 31 日
定価 1300 円（税別）
ISBN978-4-7782-0436-5

「暮らしの物語」

「暮らしの物語」編集委員会 編著

明治から今日までの一世紀半。女性たちは暮らしに根ざした生活文化を支え、知恵や技を脈々と受け継いできた。

しかし、高度経済成長と科学技術の発展とともに、家庭のありようも変容し、地域の伝統や風習の多くも途絶えた。

何を残し、何を伝えていけばいいのか——改めて考えていく必要がある。